大展好書 好書大展

趣味心理講座 4

性格測驗④

發現你的眞面目

淺野八郎／著
李鈴秀／譯

大展出版社有限公司

〈前言〉——檢測你的人性

這是對你的性格、深層心理以及人性，所做的第四次心理測驗。在解開疑難的同時，可知道自己意外的一面。

人，雖很想知道自己本身的性格，但，不明白之處仍佔多數。在任何人的心底深處，都隱藏著一個連自己都不知道的另一個自己。本書就是站在心理學的立場，來探討人心的不可思議之處。

〈使用本書的方法〉

本書把你的人性分為十八個項目，是以「○○度之檢測」的方式來出題。例如：自信度檢測、信賴度檢測、社交性度檢測等等。在每個「○○度檢測」之中，各有三個問題。而解答此三個問題所得分數之總分，即表示你的「○○度」有多少。

各項目的最後，都有「判定○○度」之頁，由此，你就可知道自己的得分是符合哪個判定了。

目錄

1. 疏忽度檢測

請找出隱藏的帆船

做此測驗時，請用手邊的鐘錶來計算時間。

鐘錶準備好了嗎？問題開始囉！這幅圖中畫有一隻小帆船，它究竟在哪裡？你找得到嗎？

你用了幾秒鐘？還是幾分鐘？才找到小帆船。抑或，你根本找不到？

1. 疏忽度檢測

過於認定反會導致「疏忽」

〈解說〉

一提到小帆船，一般人都會認定它是浮在海面上，然而，如此一來，就無法找出圖中的小帆船了。請看左圖，小帆船是翻覆地橫躺在海面上。

不論是找到的人，或是始終都沒找到的人，在知道答案後，都請再翻至前一頁，仔細地再看看圖。

現在，你一定能立刻找出翻覆帆船的蹤影了吧！像如此般的，經由學習來變化對事物的觀察方法，也是人所具有的認知能力之一。

人的注意力有許多有趣的現象。例如：人們常常忘記把車票放在什麼地方。

根據美國心理學家唯諾．格拉得的實驗得知：很多人是屬於特意要把東西收藏好，卻反而忘了放在哪裡的類型，有的人則屬於把東西收在不常收的地方，而忘了的類型，把車票放在常放的地方卻忘記的人，找到的比率是百分之十五，相對的，放在不常放的地方的人，找到的比率則高佔百分之三十三。

〈診斷〉

①在一秒鐘以內找到的人………0分
②在2～10秒鐘以內找到的人……2分
③在10～60秒鐘以內找到的人……3分
④超過六十秒鐘以上才找到的人…4分
⑤始終找不到的人……………5分

1. 疏忽度檢測

千載難逢的機會？

左圖是某溫泉的更衣室。

深夜，想在個人浴池泡個澡的你，突然發現，隔壁的女更衣室有人在換衣服。

這時，四下沒有半個人影。而，在隔間用的牆上，有好幾個拇指般大小的洞。既是男人，想要偸看也是人之常情。

平時嚴謹、老實、認真的你，自然也不例外。

那麼，你會從圖中的哪個部分，偸看隔壁的女用池？

如果你是女性，請想像你若是男性，你會如何？

1.疏忽度檢測

語言的暗示會混淆判斷

〈解說〉

問題中雖出現「隔間用的牆上，有好幾個拇指般大小的洞……」的說明，可是，卻沒有限制「一定要從拇指般大小的洞偷窺」。

所以，「墊起腳跟從隔間牆的上方……」，豈不是看的更清楚？你在判斷時，有沒有注意到這一點。

如果，你一味的在「從哪一個牆洞去偷窺才好？」的問題上打轉，那麼，你就是個很易受暗示，與先入為主的觀念左右的人。

語言的暗示或先入為主的觀念，常會使人無法做冷靜的判斷。例如：為社會製造一些問題的靈感商法的販賣方式，就是很會巧妙的運用語言暗示而得逞的。

又，「男女的○○照片」這句話，會讓人立刻視它為一張猥褻的照片，因為，○○具有讓人聯想到猥褻、下流等字眼的暗示效果。語言的暗示，往往會引起性的聯想，所以，它會帶來更強烈的印象。

〈診斷〉

①從隔間牆上方偷窺的人……0分
②從Ⓒ洞偷窺的人……5分
③從Ⓑ洞偷窺的人……1分
④從Ⓐ洞偷窺的人……3分

1\. 疏忽度檢測

所需時間之謎

下圖是火車從終點站A到各站所需時間之圖。

可是，此圖所示的所需時間，似乎有點奇怪。

為什麼會有這樣奇怪的所需時間呢？

G	H	I	J	K	L	M
12	15	20	8	24	21	10

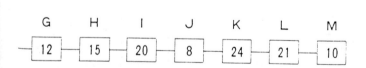

1. 疏忽度檢測

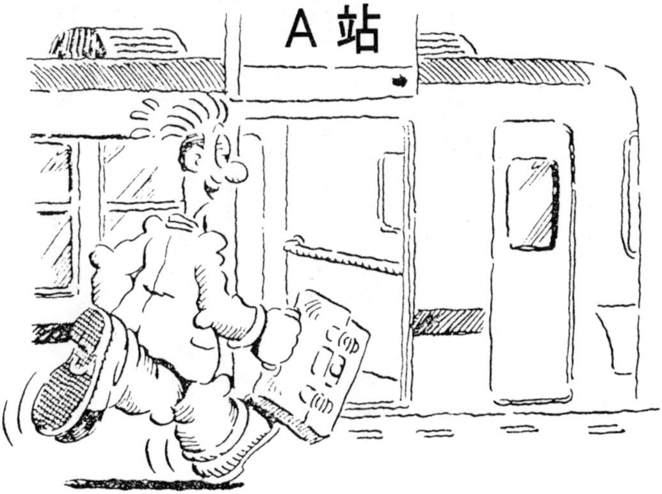

A 站	B	C	D	E	F
◎	3	5	7	6	8

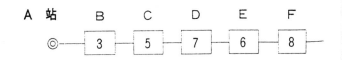

拘泥於固定觀念就解答不出來

〈解說〉

此圖所示的是，火車到沿線各站的「所需最短時間」。其中，自然也包括了快車和特快車的所需時間，所以，產生了到較遠的站，所需時間反而少的情形。

例如：搭乘各站皆停的慢車到K站，與搭乘需在各站換車的特快車到J站，所需時間是差不多的。因為，既需換車，自然也需花時間等車。

遺憾的是，現實上就是有如此不擅計算的人。你若也是特意買特快車車票，以為可快點到達的人，這下可明白自己的想法是錯的了吧。

最近，即連日常的生意往來，或新產品的開發，都標榜

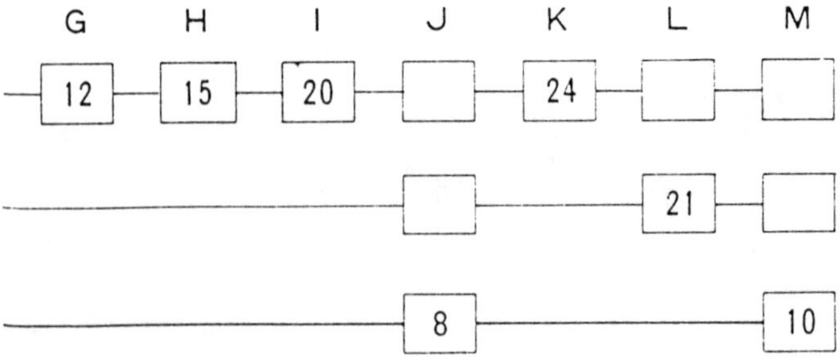
G
H
I
J
K
L
M
12
15
20
24
21
8
10

了「腦筋的轉換」的構想。也就是說，一旦我們被固定的想法拘束了的話，換了另一個方法，我們的腦筋就會打結。所以，我們的想法應保有彈性，在面對困難的問題時，多從各個角度想，如此，問題就較易獲得解決。把電話改成不需投硬幣的卡式公用電話，也是一種突破固定觀念的做法。

〈診斷〉

①馬上知道何以有此奇怪時間的人……0分

②雖感到奇怪，可是沒有想到是因為快車、特快車之別的人……3分

③想不出何以有此奇怪時間的人……5分

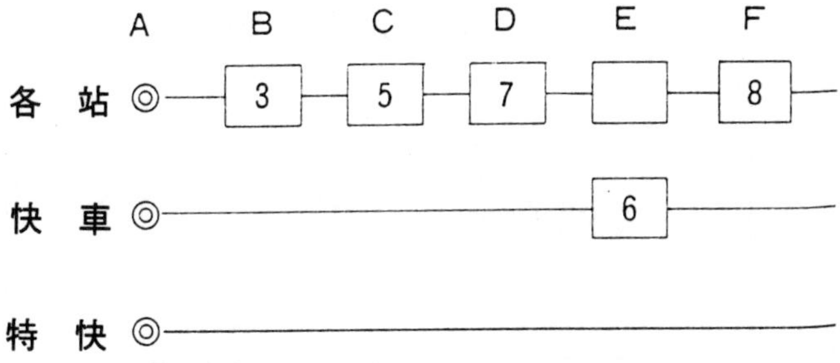

1．判定你的疏忽度

身在令人目眩、複雜的現代社會中的你，必須有集中力和注意力。如果你沒具備這些能力，就會因疏忽犯下錯誤，以致在工作上或與人交往上，遭到失敗。現在，讓我們來看看你的疏忽度……。

13～15分　亂七八糟疏忽型

你的疏忽度相當嚴重。你應多多訓練自己的集中力。

10～12分　相當疏忽型

你也是個注意力很差的人。屬於忘東忘西、易犯差錯的類型。

5～9分　稍微疏忽型

你是較符合常識的人。屬於不會帶給他人損害的疏忽型。

0～4分　注意力優秀型

你的集中力和注意力極佳。

2. 魯莽度檢測

暢飲之夜

你跟幾個朋友痛飲至深夜，「各位！我要回家了。」正想要搭電車回家的你，一看手錶，開往離你家最近的那站的末班電車早就開了。

這下子，你只好搭計程車了。可是，站在路旁等了十五分鐘，也不見一輛計程車駛來。這時，你會怎麼辦？

①隨便坐上駛往家裡方向的電車，然後再想辦法。
②換個地方，再等計程車。
③再等等看。
④投宿附近的旅館，或去洗三溫暖。
⑤找間24小時營業的店，邊吃東西邊等到天亮。

最近的年輕人多屬家庭優先型

〈解說〉

此問題，是要檢測你對「家庭」的意識如何？（亦即，你是家庭優先型？或者不是）。回答①②③的人，是屬於家庭優先型。其中，答①的家庭優先程度最強。

另外，選擇④⑤的人，只要稍遇點困難就會放棄，而不會努力的想辦法回家，屬於家庭觀念薄的類型。

就另一面來看，答①②③的人屬於保守的堅實類型，答④⑤的人，則屬於在面對意外時，有可能挺而走險的積極型。

據一九八八年度的新進職員問卷調查得知，最近的年輕人以「家庭志向型的人」為多。亦即，比起為工作打拼，以便出人頭地的人，喜歡在家裡享受天倫之樂的年輕人較多。

歐美的知識青年之間，在下班之後，也不時興和三五好友聚會，據說，馬上回到自己的房間，躺在長椅上，邊吃馬鈴薯片，邊看著電視，享受獨居之樂的年輕人增加了。而我們就以「長椅、馬鈴薯片族」稱之。

〈診斷〉

選①的人……………1分
選②的人……………2分
選③的人……………3分
選④的人……………4分
選⑤的人……………5分

2. 魯莽度檢測

到海邊的路

你開了一輛極拉風的跑車，想載女友到海邊兜風，一路上，交通狀況並不是很好，塞車的地方很多。

左圖是一張道路地圖，「・」記號及表示塞車程度，「・」愈多的路，經過的時間也需花的愈多。

現在，你會選擇怎樣的走法，以便快速到達海邊呢？當然，如果你的忍耐力夠的話，也可以選擇塞車最嚴重的那條直路……。

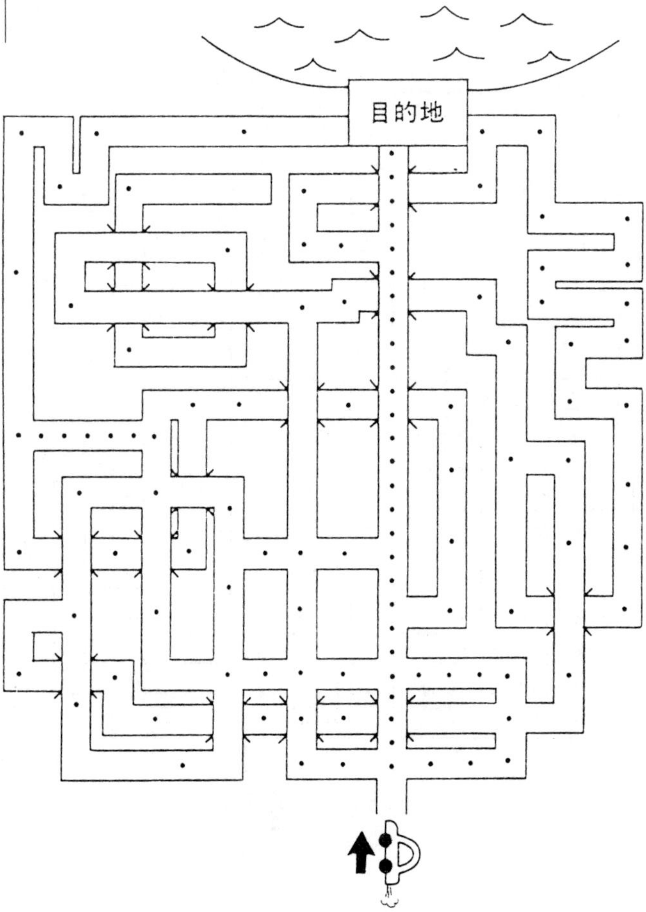
目的地

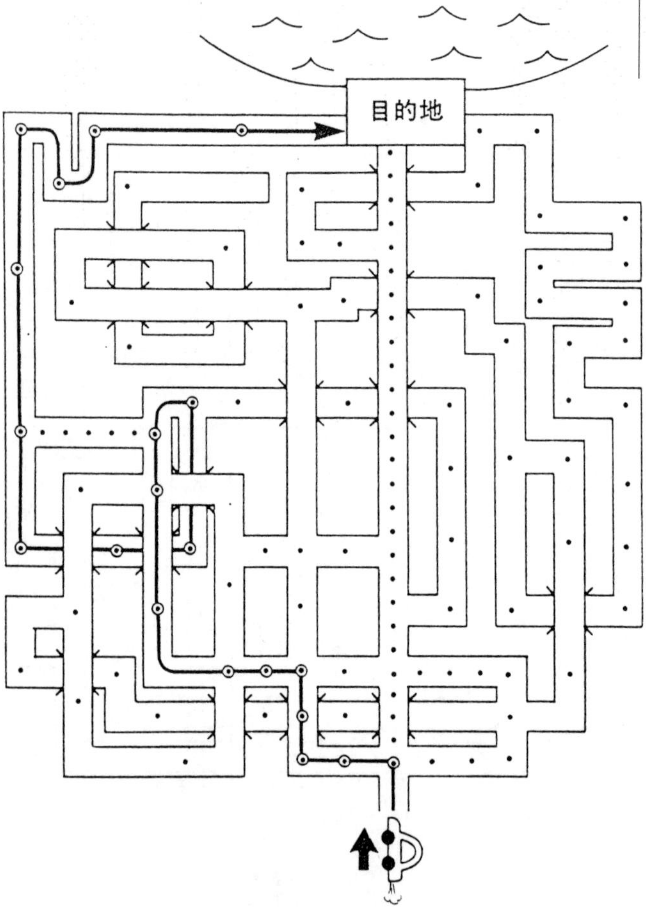
目的地

避免危險的老實型

＜解說＞

選擇直達目的地的直路走，當然是最快抵達的方法，可是，這條最近的路也是塞車最嚴重的路，如果走這條反而花更多時間。以這樣的條件來看，到處鑽的人，屬於大膽型，而不管沿路多麼擁擠，只要可以確實到達目的地，就選這條路走的人，屬於慎重類型。

而，能夠最快到達目的地的，是如右圖所示的路線，花時間與否與診斷無關，我們是就以上的觀點來判斷的。

＜診斷＞

①始終鑽來鑽去的人……………5分
②在途中又回到直路，即兩條併用的人……3分
③始終走直路的人……………………0分

2. 魯莽度檢測

請說出你的聯想

請看看左邊的五個圖形。各用簡單的話寫在下面。

我把這些圖形給女大學生K看，請她回答所聯想到字眼。

在心理測驗之中，往往有要求受測者看一些抽象的圖形，然後要其回答所聯想到的東西，K小姐就是在這種情形下，被要求寫下答案。

現在，看了這些圖形的你，有何聯想呢？

如果你所聯想到的東西是與K小姐一樣的，就打○，如果不同，就打×。

瓶子 Ⓓ

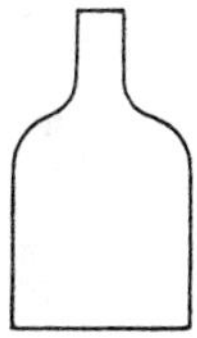

(　　　)

眼鏡 Ⓐ

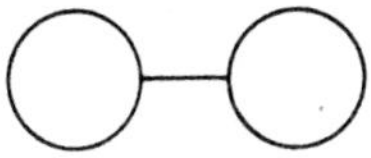

(　　　)

帽子 Ⓔ

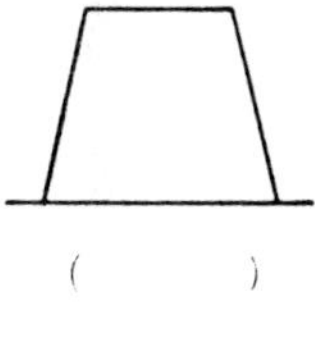

(　　　)

月亮 Ⓑ

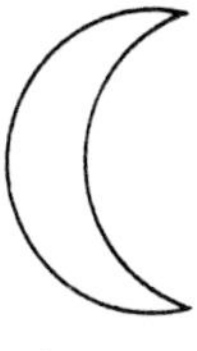

(　　　)

窗帘 Ⓒ

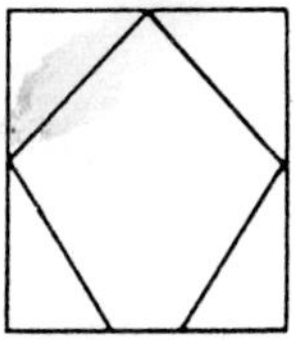

(　　　)

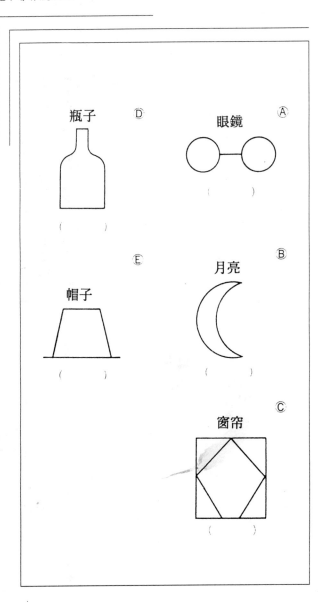

在診斷之前，還需要你做一項前置作業。而這，才是我們真正的目標所在。
左邊是剛才談到的K小姐，所聯想到的字眼。
請憑著記憶，把這些字眼所指的圖形，重新再畫到左邊的ⒶⒷⒸⒹⒺ裡。當然，你不可以翻到前頁偷看。
診斷，就在下一頁。

Ⓐ眼鏡
Ⓑ月亮
Ⓒ窗帘
Ⓓ瓶子
Ⓔ帽子

2. 魯莽度檢測

Ⓐ

Ⓑ

Ⓒ

Ⓓ

Ⓔ

你有自由且大膽的創意嗎？

〈解說〉

心理學上有這樣一個實驗：

「把模糊的圖形賦予名稱，然後在短時間內給予提示，接著，再請受測者把圖形重畫出來。」

現在我只是用稍微一點複雜的手續，把如此般的實驗在書中重現。

通常，以語言為媒介，讓記憶重現時，被再重畫的圖形，較容易跟所賦予的名稱相結合，而不是與原型結合起來。

例如下面的圖形，如果不被賦予「眼鏡」，而是「鐵啞鈴」的名稱的話，你在畫此圖形時，形狀極似鐵啞鈴的可能性很強。

總之，我們的知覺，具有一種與既成的觀念相結合而較易記憶

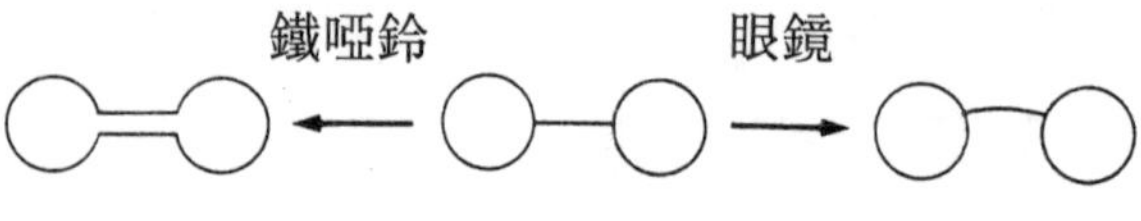

的性質。在本測驗中，得分愈低的人，此種程度愈強，另一方面，得分高的人，就較有自由的創意，屬於會挺而走險、魯莽的類型。

＜診斷＞

請比較看看，你所畫的圖形和題目中的圖形，有多少程度的不同。

如果你畫的圖形，一點也沒有與原型不同的話，可得0分，能夠照原型復元的話，得1分，請依此要領來記分。

①0分～1分

受既成觀念拘束的程度較強，凡事易有先入為主的觀念。因此，屬於不會有大膽的創意或行動的類型。

②2～3分

腦筋稍微活絡，但想法不會太過於脫離常識，乃屬於普通人類型。

③4分～5分

不會受既成觀念的拘束，會大膽的挺而走險。但是，協調性不佳，難獲得周遭之人的諒解，易與人發生意想不到的摩擦。

2．判定你的魯莽度

雖然，這是個任何人都喜歡強調自我主張的時代；雖然，這是個凡事不積極、大膽去做，就會慘遭淘汰的社會，但是，你若做事過於魯莽的話，就會被人人討厭……。

13～15分　大膽衝動魯莽型

你是個做任何事都喜歡大膽往前衝的類型。因此，也易遭重大失敗。

10～12分　吊兒郞當魯莽型

就好的一面來說，你是個會積極行動的人，可是，常常弄巧成拙。

5～9分　普通魯莽型

雖也有大膽的創意，但大部分時間都是腳踏實地的行動著。

2～4分　保守的愼重型

你很愼重，從不輕舉妄動，但也有過於消極的毛病。

3. 踏實度檢測

做個正方形

有四塊如圖所示般的，同樣形狀的板子。

若要你用此四塊板子，組成一個儘量大的「正方形」。

你會如何組合？

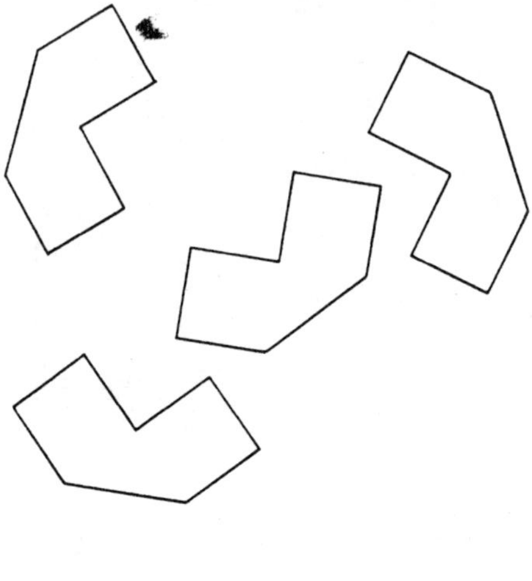

你有否認清本質的「踏實度」？

〈解說與診斷〉

①把四塊板子重疊起來……2分

只要重疊兩塊就可成一個正方形，而把四塊全都重疊起來，就對問題中所要求的「組成一個儘量大的正方形」，不夠忠實了。不過，你已如此認真的去解此問題，你的努力值得讚賞。只是，你的踏實度稍嫌不足。

②把四塊板子緊緊的連結，做成一個正方形的空間……3分

此種解答不是用板子本身組成一個正方形，而是用板子來隔出一個正方形空間。

我們可以看出作答者，認清問題本質的愼重。但是

①

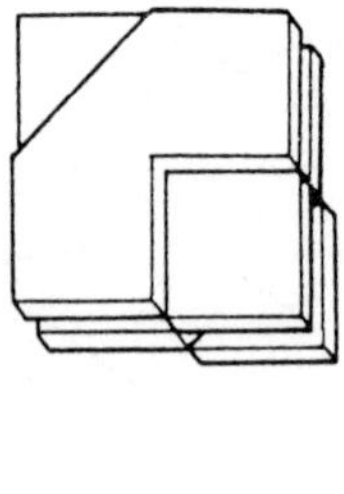

②

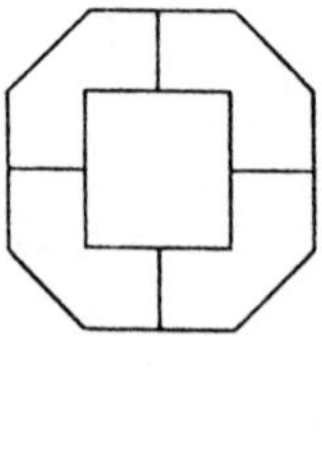

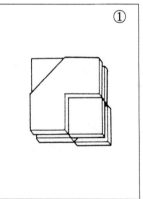

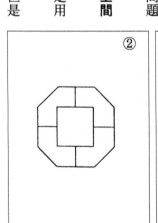

，遺憾的是，他缺少了更進一步的創意，只要與④的答案比較一下就知道了。

③把板子豎起來，「由上方往下看成一正方形」……3分

其創意的方向可說與②是同樣的。而，所做成的正方形比②大一點……。

④分開四塊板子，儘量放大正方形的空間（乃②的變化）……5分

如圖所示，客觀地說，把不具實際圖形的「正方形」輪廓線擺在那，也有被知覺實際存在的可能。

⑤做不出來……0分

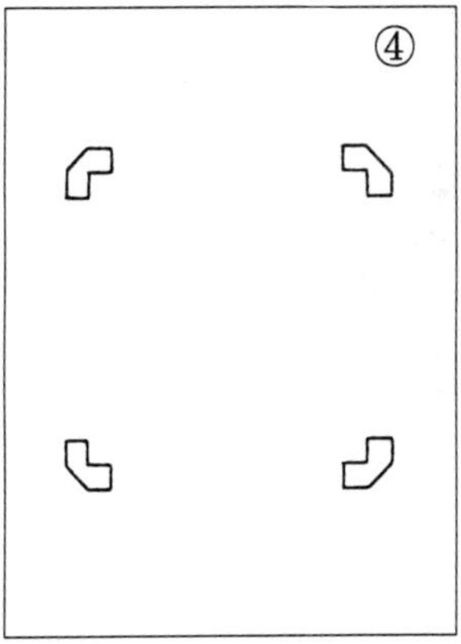

3. 踏實度檢測

店主的牢騷

在K鎮，做生意的霍克先生正發著牢騷。

「唉呀！景氣好差呀！在這個鎮上，做同樣生意的，連我們在內就有五家，其中，位在北邊角落的我們，離車站最遠了。從前只有我們這一家時，生意好的不得了。我這家小型商店，雖然開在最裡邊的街上，可是來的客人真多呀！呃？你問這附近有沒有香煙鋪？喏，這邊、那邊都有賣的，這兩家離我這都一樣的遠。」

請問，下圖中那一家是霍克先生的店？

圖形的圖案所表示的店

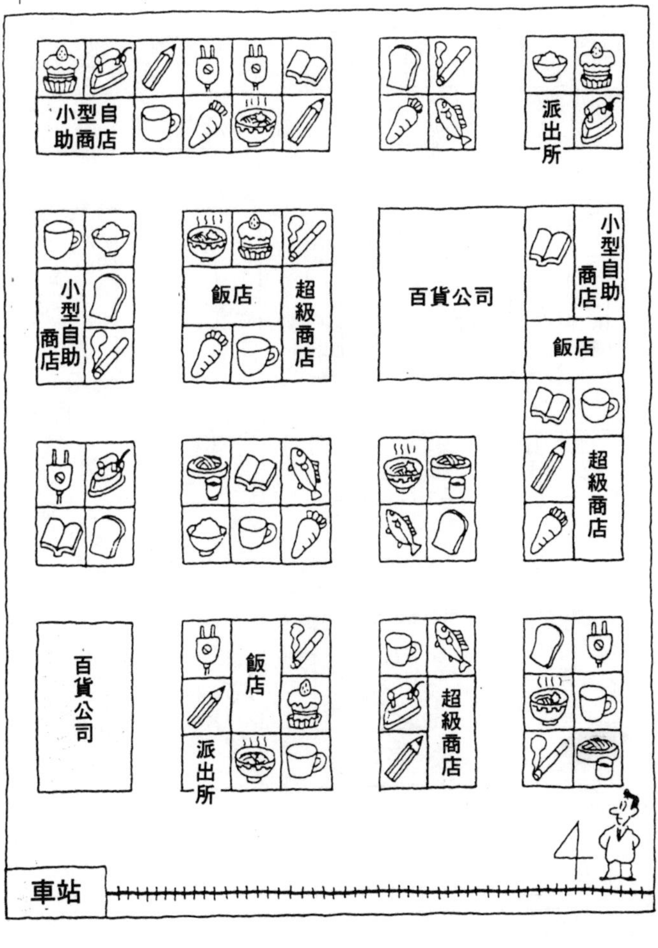
小型自助商店
派出所
小型自助商店
飯店
超級商店
百貨公司
小型自助商店
飯店
超級商店
百貨公司
飯店
派出所
超級商店
4
車站

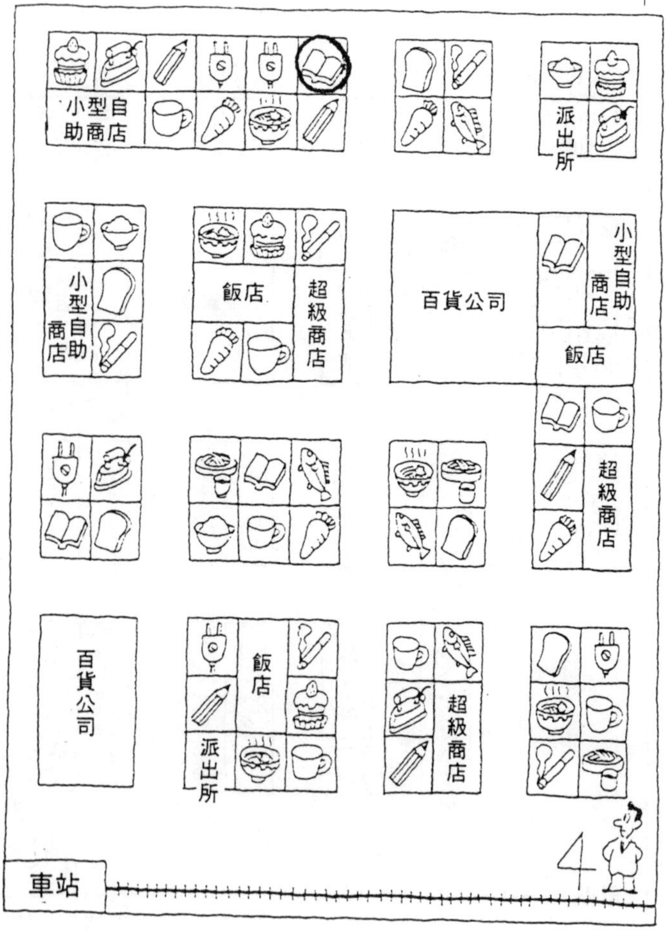
小型自助商店
派出所
飯店
超級商店
百貨公司
小型自助商店
小型自助商店
飯店
超級商店
百貨公司
飯店
派出所
超級商店
4
車站

你在早上有詳閱報紙嗎？

〈解說〉

這是要測知你是否有踏實地去解決問題的測驗。答案是如圖中所圈出的「書店」。你答對了嗎？

根據美國精神科醫生的報告，要知道一個人的精神壓力程度之最大線索，就是看他早上是否有仔細的看報。一個人肯花時間仔細看報的時候，也是精神最安定的時候。

〈診斷〉

①答對的人……毫無疑義，5分

②弄錯的人（評價其答問題時的態度）……3分

③嫌「痲煩」半途而廢的人……1分

④叫著「好痲煩」，而果然答不出的人，或者，隨便瞎猜的人……0分

3. 踏實度檢測

找尋紅線

假設你是個愛情的靈感超能力者。你可以淸楚地看見，男人與女人與生俱來的婚姻紅線（不過，因印刷關係，圖中的線都是黑色……）

有一天，你被邀請去參加集團相親。你很驚奇的發現，所有的出席者，都可用紅線繫成一對對的。你真是感動極了。

現在，請問你，圖中的哪一位和哪一位可以配成對？請給與確實的指示吧。

（註……回答時請不要用紙筆，請單用眼睛連連看。）

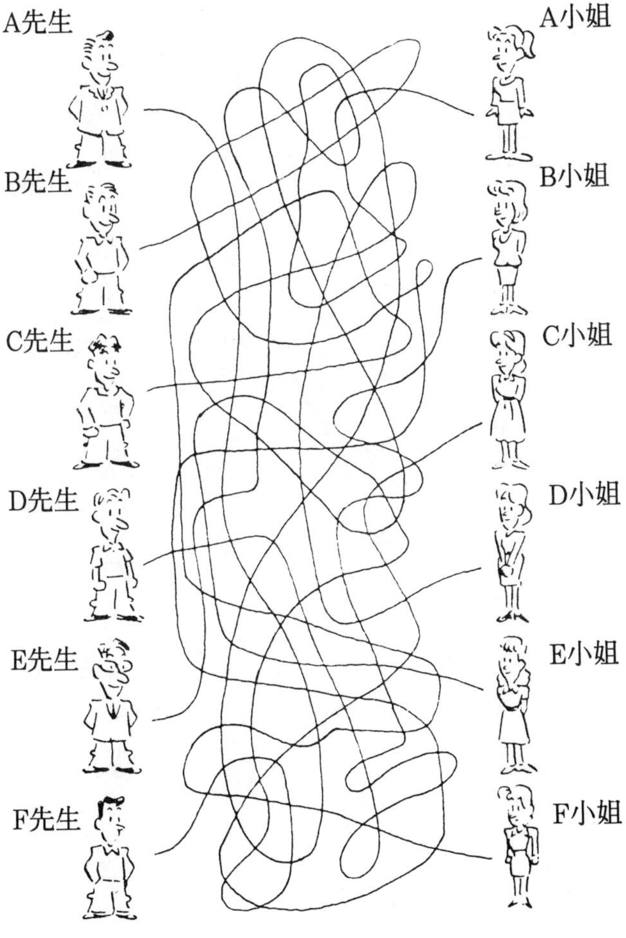
A先生
B先生
C先生
D先生
E先生
F先生
A小姐
B小姐
C小姐
D小姐
E小姐
F小姐

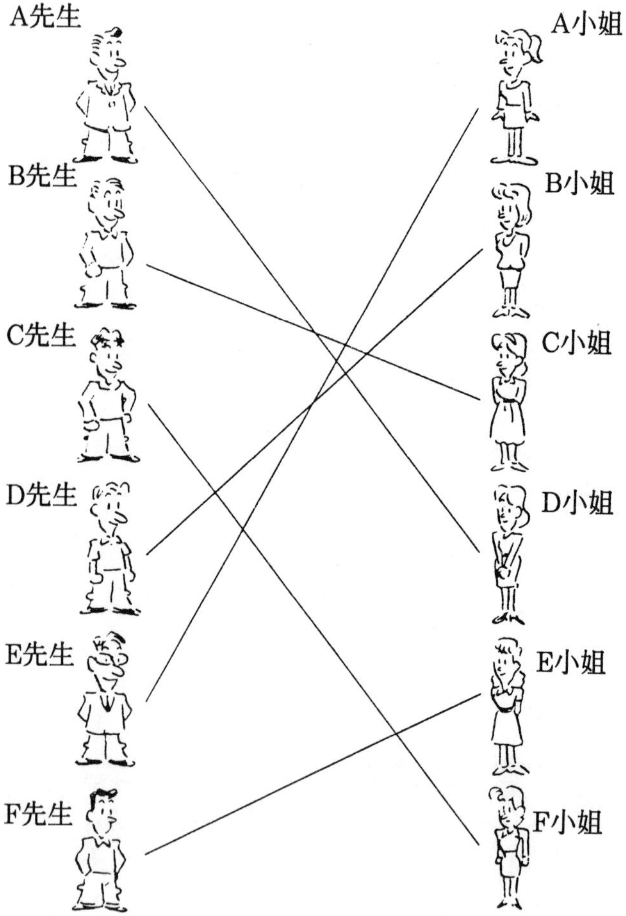
A先生
B先生
C先生
D先生
E先生
F先生
A小姐
B小姐
C小姐
D小姐
E小姐
F小姐

你的集中力有多好？

〈解說〉

本測驗是將K·K·布拉德諾夫的心理測驗（有關集中力方面），稍加整理而成的。單用眼看時，在線與線交叉之際，我們的注意力就會受到干擾，因而易發生錯誤。完全答對本測驗的人，集中力相當高，屬於踏實型類型的人。

正確的答案，如右圖所示，你答對了幾題？

〈診斷〉

①完全答對者……………………5分
②有1～5個錯誤者……………3分
③5個以上的錯誤者……………2分
④半途而廢者……………………0分

3．判定你的踏實度

與前面的相反，這次是要看看你的踏實度。在公司、或任何地方，仔細思考而後行動是非常重要的。但是，若太過之，又易給周遭之人「正經八百」的印象……。

13～15分　極端踏實型

你非常認真、慎重，但是卻過分地正經八百。你最好有彈性一點。

10～12分　相當踏實型

你凡事皆一絲不苟。很適合從事處理數字的工作。

5～9分　不太踏實型

平時的你做事蠻乾淨俐落的，只在遇有重大事情時，才會慎重考慮。

0～4分　動搖散漫型

你缺乏集中力和慎重性，行動也缺乏計畫，常常顧前不顧後。

4. 性願望度檢測

表現對性的期待之圖

你可以在下面的曲線，畫上任何東西。請畫下你所想到的東西，使之成為一個圖形，或一幅畫。

這是測知你對性的期待之測驗。圖中流暢的曲線，表現出對性的快感，由這個曲線，你會聯想到與性有關的什麼東西？藉此，可判斷你的性意識。

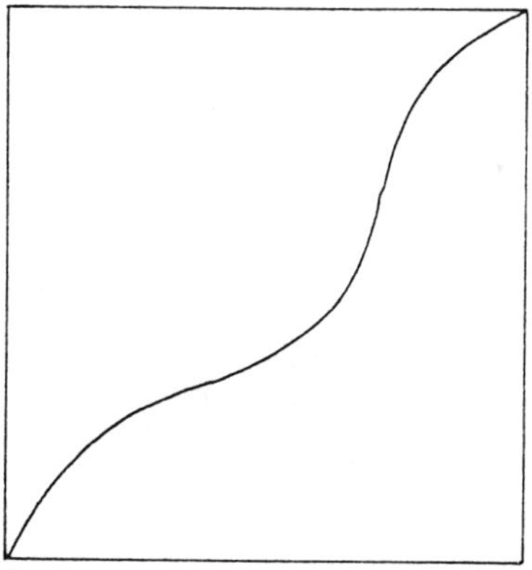

愈是動態的圖形，性的慾求愈強

〈解說與診斷〉

①認為是山的斜面，且畫出有人正在做著什麼事（例如滑雪）的人……8分

你是性慾望很強的人。表面上很正經，骨子裡卻燒著一把火。畫兩個以上正在滑雪的人，性慾求尤其強烈。

畫滑雪者從山頂上一口氣滑下來的人，對年長的異性有著憧憬。

②不畫人物，只畫山等等風景的人……0分

即使有畫人物，也只是畫其靜靜站著的人，也屬於這類型。你是個老實人，對性比較淡漠。你不喜歡正面去面對暴露的性。

①

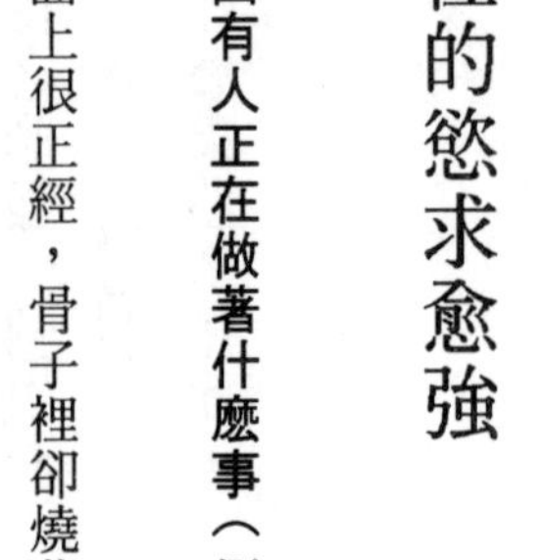

②

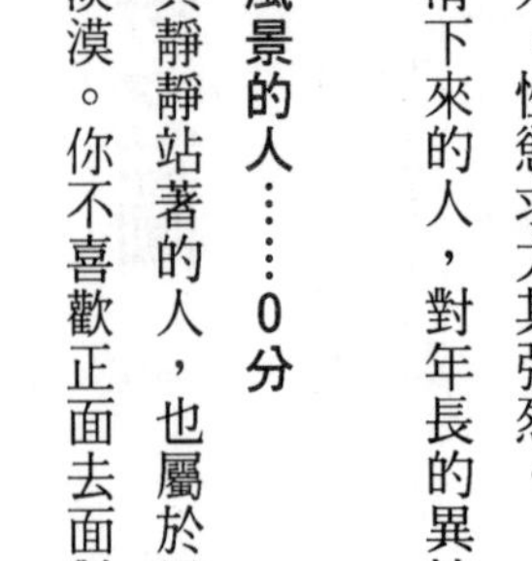

③將曲線隱藏起來，讓曲線在畫中不具任何意味的人……5分

你很能克制性衝動，是個自制心很強的人，但是一旦一頭栽入，就很易陷於迷戀。

④畫出很大的嘴唇的人……3分

你很希望被人緊緊擁抱，對你說些甜言蜜語。你嚮往著熱吻的滋味，對年紀較小的對象較有興趣。

另外，畫出「牙齒」的人，尤其對性有強烈的憧憬。

⑤畫出人的臉部等身體的一部分（不包括嘴唇）的人……5分

你對性相當憧憬，渴望與所愛的人共享性的樂趣。有時，你會因無法自我控制而挺而走險。

⑥畫出鰻魚、蟲類（蛇、蜥蜴）等的人……10分

③

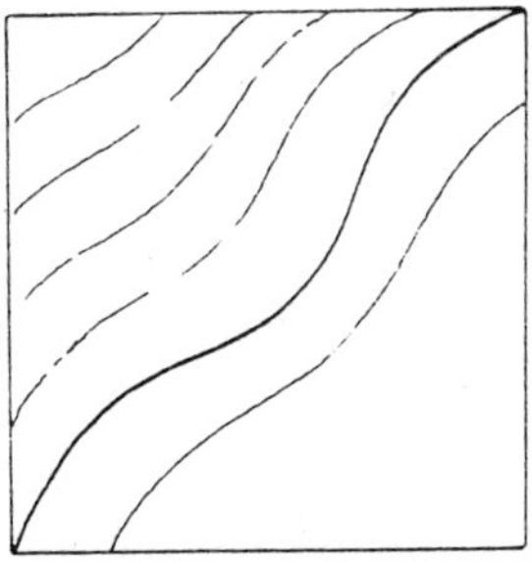

④

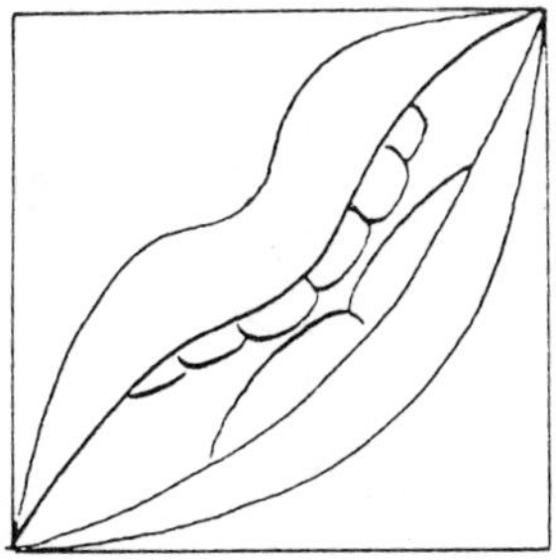

你是追求激烈的性，追求錯置的性的人。你對性的慾望很強，一個男人（女人）是滿足不了你的。可是，平時的你非常會掩飾，常裝出對性很淡漠的態度。

⑦①～⑥的情形，都不是的人……0分

你對性頗拘謹，即使有追求性的意慾，也往往因道德觀的作祟，而使你裹足不前。你的戀愛經驗缺缺。

⑤

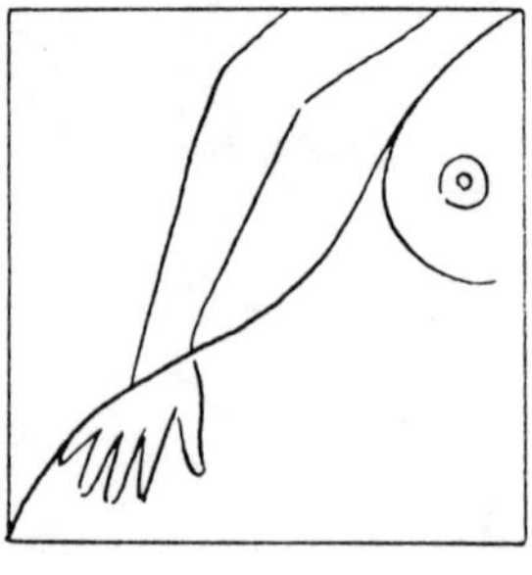

⑥

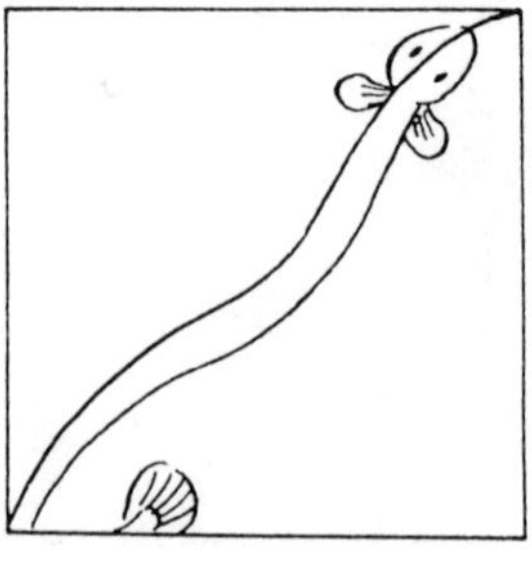

請問這是什麼？

下面的圖究竟是什麼呢？它看起好像是一條金魚……。

答案請看214頁。

4. 性願望度檢測

你對臀部有何感覺？

好大膽的照片啊，憑著這張照片，讓我來測驗你對性的異常程度吧！

首先，我要對男性提出問題。這是女性的臀部，可是，這位女性的上半身和臉部，究竟是什麼樣子呢？請想像一下。她的胸部是大？還是小？上半身是裸露的？還是戴著胸罩？臉是娃娃臉？還是很性感的？雙手是不是呈被綁起來等特殊姿勢？……。

接下來，我要問女性讀者。照片中按住臀部的手是男性的手，這個男性的臉和體格是什麼樣子的呢？他是健壯魁梧的運動選手型？還是高高瘦瘦的帥哥型？亦或滿臉鬍鬚的糟老頭？甚或是有著黝亮皮膚的黑人男性……，請想像一下。

4.性願望度檢測

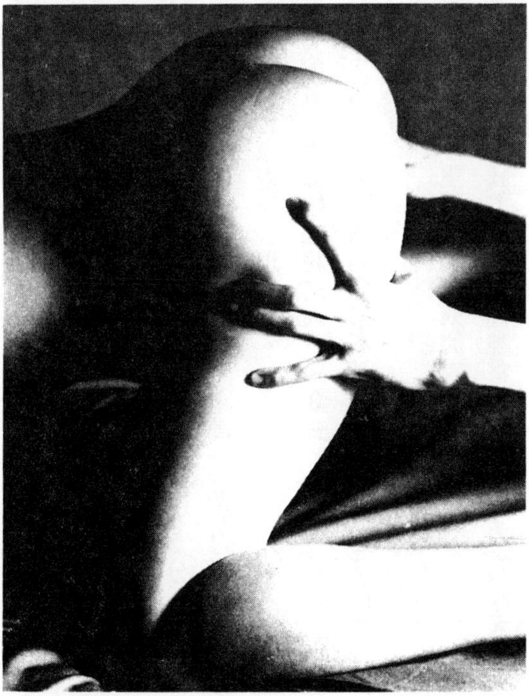

你滿足眼前的性嗎？

〈解說與診斷〉

先讓我們來檢測男性讀者。

①認為該女性是上半身裸露、胸部豐滿、臉部性感的人……5分

你是個具有一般性的性願望和性經驗的男性。你能直接了當的處理自己的性願望。你很能顧及對方的情緒，也是頗會做愛情表現的人。

②認為該女性是穿著胸罩，臉像娃娃臉的人……3分

你不很滿意跟前的性生活，有著極高的慾求不滿。但是，你並沒有意識到，自己的慾求不滿是如此地高。

③認為該女性的雙手被綁著，呈現異常姿態的人……7分。

你對性的願望很強，具有虐待狂的要素。你經常追求異常的愛的方式，對自己的性能力沒有自信。你較喜歡的是年輕的少女。

④所想的並非以上的任何一種的人……7分

你有強烈的性慾求不滿，由於你太會幻想，以致做什麼事都不易獲得滿足。你的手淫有過之的現象。

接著，檢測女性讀者。

①認為該男性是健壯魁梧的運動選手型的人……5分

你有很豐富的性經驗，很嚮往魁梧的男性。你在性方面很圓熟，追求的是直接式的性愛，而不是講求技巧。

②認為該男性是瘦高的帥哥的人……3分

你很順其自然的享受著你的性。

③認為該男性是滿臉鬍鬚的糟老頭的人……1分

你對性有著拒絕的反應。過去，你必有不愉快的性經驗，以致對性有著很大的不安。你雖對性有興趣，卻極端的在克制自己。有時，你甚至會喜歡不合常情的性愛。

④認為該男性是個黑人的人……7分

你追求的是刺激且不平衡的性，你討厭受到拘束。你常視性為一種遊戲。你像個男人婆、很任性、逞強。

4. 性願望度檢測

性感的腳

下面的照片，是鏡頭上的女性之一部分。請問，這位女性現在正在做什麼？由腳來看，她究竟是做著一種什麼樣的姿勢？她是一個人？還是跟男性在一起。

請在左頁的四張照片中，選出一張最近似於你所想的女性姿態。

根據你所選出的照片，可一語道破你的性願望度。

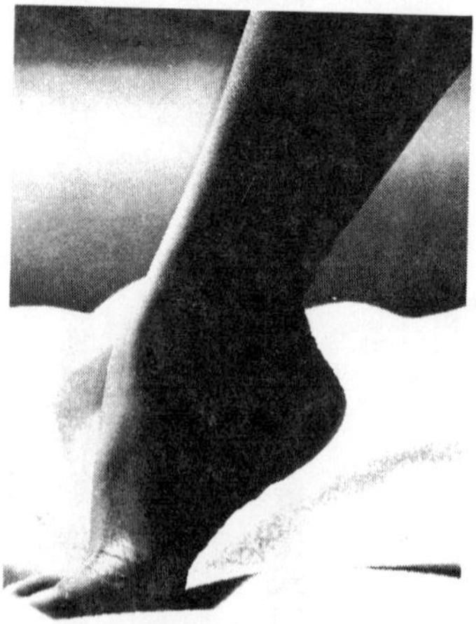

4．性願望度檢測

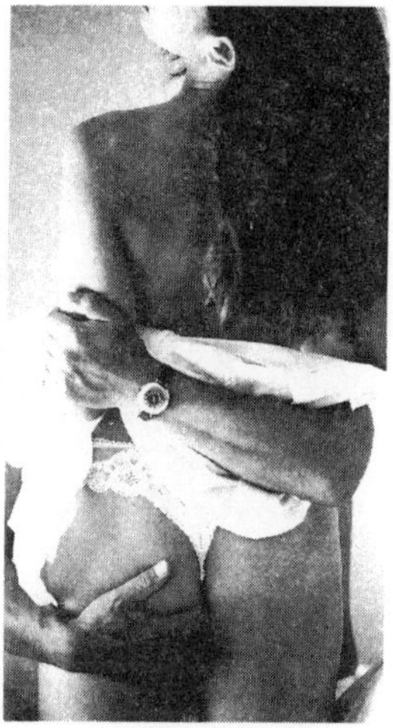

(1)

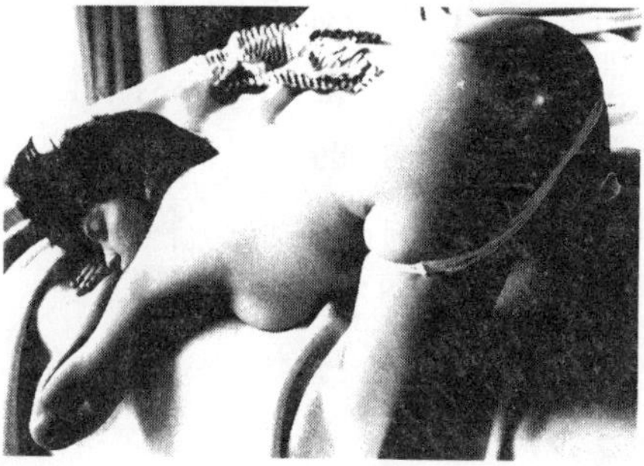

(2)

(3)

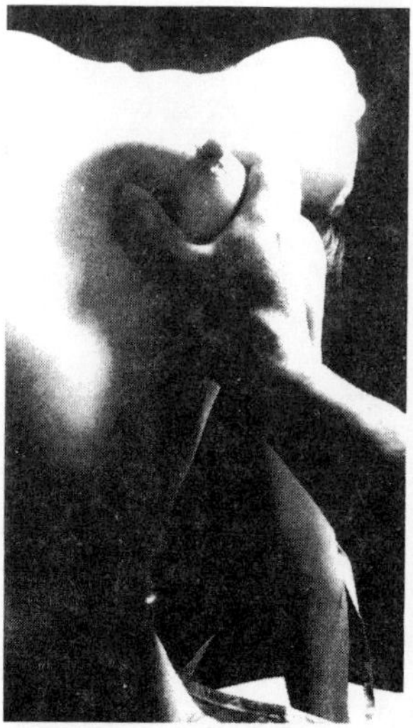

(4)

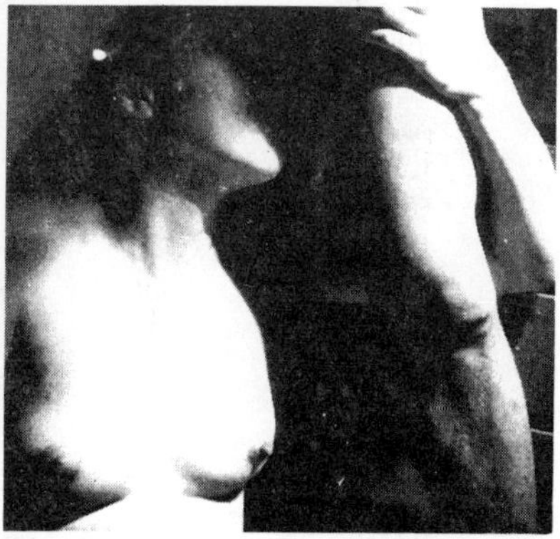

明白你的潛藏性意識

〈解說與診斷〉

①選擇(1)照片的人……2分

聯想到極為普通的兩人相互擁抱姿態的你，可說是對性有著極正常興趣的人。照片中的男性，用力的抱著女性的臀部，如果你是男性，就表示你是想要領導女性，來發洩自己慾求的人。

至於女性則喜歡有氣氛的性行為，對現在的性很滿足。性願望是正常而平均的。

②選擇(2)照片的人……5分

聯想到女性獨自在痛苦扭動的姿態的你，屬於慾求略有不滿型。不管你是男性還是女性，對性的慾求度都稍微高了一點。尤其是女性，平時禁慾的意識很強烈，在深層心理上，多對男性有所苛求。在性的願望上，可以說是相當強的。

③選擇⑶照片的人……8分

選擇女性的乳房被男性用力抓著，過於激烈姿態的人，相當有性方面的慾求。如果你是男性，在性方面是技巧勝於精力，有被虐待狂的傾向。如果你是女性，則表示喜歡此種大膽的姿勢。性願望是非常強的。

④選擇⑷照片的人……3分

選擇這張照片的男性，有著想隨心所欲操縱女性的慾求。性經驗很豐富，是喜歡前戲的類型。至於女性，看起來頗大膽，其實是很膽怯的。然，在男性的引領之下，也會熱情起來。性願望度普通。

4．判定你的性願望度

不論男女，在心理深處都有著對性的期待。窺視人的此種深層心理是非常有趣的事。在性產業、性資訊氾濫的今日，你的性意識究竟如何？

21～25分　性願望異常型

你對性的好奇心比別人強一倍以上，屬於被虐待狂、同性戀等的異常型。

13～20分　性願望相當型

單只有一個對象，是無法滿足你的，屬於拈花惹草型。對異性非常的有興趣。

6～12分　性願望普通型

你有健康的性慾，對異性的憧憬頗符合常識的。

3～5分　淡漠不關心型

以成人立場來看，你實在太過淡漠。如此，你連當個情人的資格也沒有。

5.熱情度檢測

火車是朝哪個方向前進？

下圖是從火車的窗戶向外看出去的風景。

這列火車究竟是朝哪個方向前進呢？請由你的角度來看，是向右？還是向左？

由看圖的觀點得知熱情度

〈解說〉

此測驗，並無所謂哪一方是正確的。重要的是，你在選擇「右」或「左」之前的思考過程。

有的人會認為：「圖中一定有線索可尋」，就仔細地看雲和樹枝偏向哪方等。而有的人，看了圖後，憑著瞬間的印象，也就是感覺來回答。

單是這樣的一個過程本身，就可以說明你是熱情的類型，還是冷靜、理論家的類型。一幅題材不明顯的畫，依觀者如何投入自己的感情，而有不同的看法。喜歡、討厭，好、壞等感情，都會使我們在看同一幅畫時，得到不同的印象。

一般說來，熱情度較高的人，就算是看一幅單純的圖形，也易把自己的情緒投射在上面。另外，當有所焦躁、不安定時，也常會因判斷上的混亂，把單純的事物想得複雜點。

基於這樣的考量而來判斷人的性格方法，就稱之為「投映法」。

我們所熟知的性格測驗之一——羅夏哈測驗也是投映法之一，它是憑藉類似墨汁污染般的模糊圖形，來判斷感情的表現方法。

依人的心理狀態之不同，對墨汁污染的看法，也大不相同。感情克制力高的人，會聯想到較安定的形狀，相對的，較熱情而不擅控制感情的人，較易有獨特的聯想。

〈診斷〉

①仔細看圖中各處後才回答的人……1分
②憑感覺判斷的人……5分
③兩者皆不是的人……3分

5. 熱情度檢測

你是攝影記者

你是個攝影記者，現在正走在街上，突然之間，你的周遭竟同時發生多起意外事件。對當事者來說，都是了不得的大事，對你來說，也是逮住拍下現況的機會。

請問你，在這瞬間，你會拍下哪個鏡頭。

①交通事故。
②殺人事件。
③打架。
④火災。
⑤墜機。

5．熱情度檢測

你最注意的是什麼？

〈解說與診斷〉

①拍攝交通事故的人……3分

注目圖中車禍事件的你，易受「被冷靜控制的熱情」之氣氛感動的人。

②拍攝殺人事件的人……0分

此可說是非常冷靜的判斷。你拍下犯人面貌的照片，對警察在緝捕犯人上，必會有很大的貢獻。不過，就「熱情度」的檢測來說，你缺少一種忘我的熱情，所以，你只能得「0分」。

③拍攝打架的人……5分

這表示你對周遭所發生的事，有著極大的興奮。一旦熱情起來就難以克制的你，屬於典型的熱情份子。只不過，你在拍的時候，恐會邊遭對方施拳，邊遭對方責罵：「這有什麼好看的！」………。

④拍攝火災的人……4分

你很有跟著起哄的精神，會為一點小事而忘我，你可說是熱情家和興奮家。

⑤拍攝墜機的人……1分

在圖中所發生的事件中，最大規模的事件就屬墜機了，但，它也離的最遠，給人的印象最薄。所以，有注意此事件且選擇拍它的你，屬於相當冷靜型。

5. 熱情度檢測

公主的剪貼圖片

假設你是某國的王子。你對昨天晚上，出現在舞會中的某位美麗的公主一見鍾情。可是，不知為什麼，半夜十二點的鐘聲響起時，她就逃走，不見蹤影了。

只留下一隻玻璃鞋。可是，僅憑這點小線索，要找出公主實在不容易。而且，那隻鞋也不知是中了什麼魔法，竟然破掉了。於是，你只好說：「看來，只好做張拼湊的照片了！不對，那個時代還沒有照片哩，就做張拼湊圖像吧！」

於是，你召來王宮專屬的繪畫師，終於畫出公主的輪廓和鼻子。至於，眼睛和嘴巴的部分，繪畫師各提供三種模樣讓你挑。你理想的公主面貌究竟是如何呢？請予以完成。

5．熱情度檢測

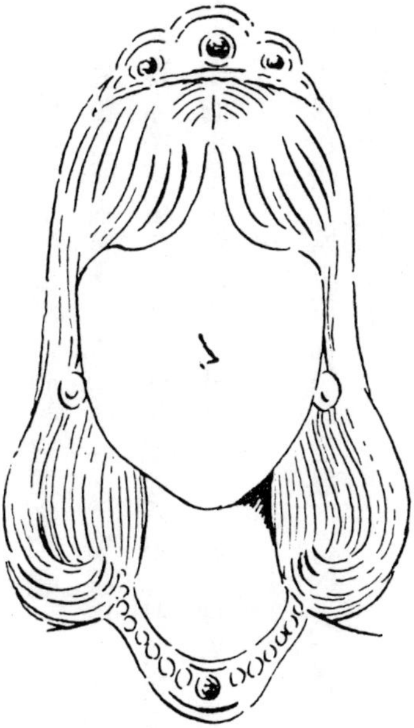

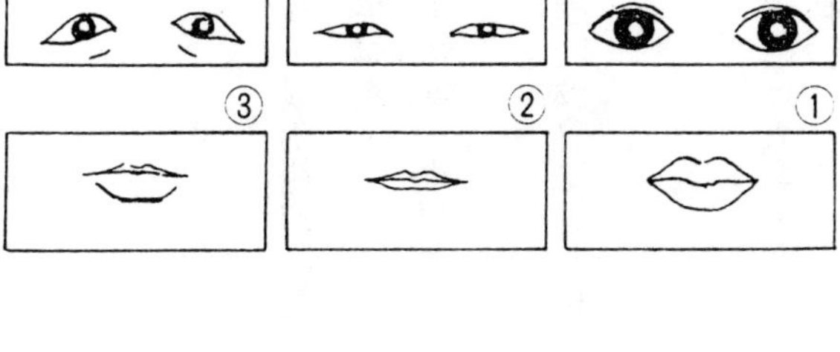

表現在面貌上的熱情度

〈解說〉

這是從你喜歡的面貌上，檢測你的熱情度之問題。

熱情的人，會組合一張有著「大眼睛」、「雙眼皮」、「厚嘴唇」等，很明朗的面貌出來。反正，不管你如何組合，我們就可憑此看出你對所喜歡的女性之熱情度。熱情的人最愛的也是熱情的人。就此立場來看，你對理想的女性之熱情度，也可說是你的熱情度。

人在畫人臉時的心理，易出現種種的意識。有的人會畫出自己所喜歡的漂亮臉孔，相反的，有的則是畫的像漫畫人物般。

一般說來，畫的像漫畫人物的臉的人，人際關係頗複雜的。

畫人像時，最能表現畫者性格的部分，就是眼睛和嘴巴。眼睛是表現出此人對人關係的體諒度、熱情度的關鍵，嘴巴則是了解此人的行動力、精力、熱情的關鍵。

〈診斷〉

你在前頁中，選的是哪一號的眼睛？和哪一號的嘴巴？就你所選的眼睛和嘴巴的分數合算起來，就是你的得分。

(1)選擇①的大眼、雙眼皮，與①的上下唇皆厚厚的人，是個相當熱情的人。

(2)選擇②的小眼、單眼皮，與②的上下唇皆薄薄的人，屬於消極、安靜的類型。

(3)選擇③的單眼皮且下垂的眼睛，與③的上唇薄、下唇厚的嘴的人，較少精力和熱情。

〈眼睛〉①＝2分　②＝1分　③＝0分

〈嘴巴〉①＝2分　②＝1分　③＝0分

5．判定你的熱情度

不論是工作、戀愛、玩樂，都需要熱情。你是個對任何事都會燃起熱情，拚命去做的人嗎？讓我們來檢查看看。如果你覺得人生充滿樂趣，那麼，你對人生就懷有熱情……。

12～14分　極端熱情型

不管做任何事情，你都會拚命的去做。熱情過度的你，冷靜度卻缺缺。

9～11分　相當熱情型

你是會邊做羅曼蒂克的夢，邊為理想行動的人。

4～8分　稍微熱情型

如果你是年輕人，就略嫌熱情不足了。在工作和戀愛方面，也略嫌冷漠。

1～3分　冷靜理論型

不管碰到什麼事情，你都講究理論。你很冷靜，缺乏熱情。

6. 創意度檢測

超級記憶術

請準備一個馬錶。

準備好了嗎？請看問題。

請背下左邊的英文字母。你花了幾秒的時間，才有「行了，我全背下來了」的自信呢？

絕不可作弊喔。

NROEBOT
TEBOTTO
QASITAH
NOITSEU

你的記憶力頂棒嗎？

〈解說〉

這些字母看似毫無意義的胡亂排列，但是，你若把這些字母由右下方向上依順唸的話，就變成：

TOBEORNOTTOBETHATISAQUESTION

亦即：

「To be or not to be, that is a question」

此為「哈姆雷特」的著名台詞。你若注意到這點，當然就很容易背下來，如果你沒有注意到，當然就背不下來囉。

〈診斷〉

在要記些什麼時，如果你能抓住容易記住的訣竅，那麼，你很快就會記住了。

①能在30秒鐘以內發現其為哈姆雷特台詞者……………5分

②同樣的，在未滿1分鐘發現的人……………………4分

③一分鐘以後才發現的人………………………………3分

④一直到最後都沒有發現，只是拚命死記的人，或半途而廢的人……0分

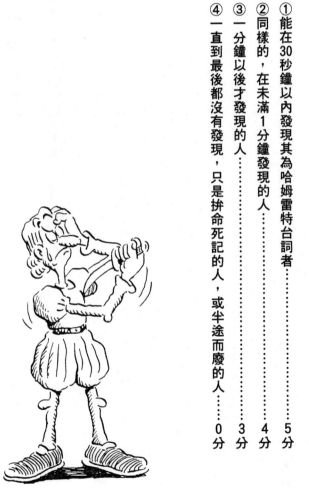

6. 創意度檢測

立體上看起來像什麼？

木匠山田，受佐藤之請，為其房子增蓋一間孩子的房間，於是，他先畫了一張如左圖的草圖。看到此草圖的佐藤，非常生氣的說：

「喂，山田，你怎麼把它畫的像是被切斷塔頂的金字塔模樣呢？我可不記得曾要你設計如此奇怪的房間啊！」

山田：「金字塔？你說的是什麼話？我就是全照著你的吩咐？設計成骰子型的房間啊！」

佐藤：「這就奇怪了。我怎麼看它就像是塔頂被切掉的金字塔的樣子呢……。啊！這次我再看它，又覺得它像骰子型了。」

山田：「奇怪！現在我倒覺得它像躺下來的金字塔的樣子，啊！我都眼花撩亂了。」

佐藤：「有沒有什麼方法，不讓我們看花了眼睛，能確實的認定它是骰子型的房間呢？」

如果是你，你會怎麼做？

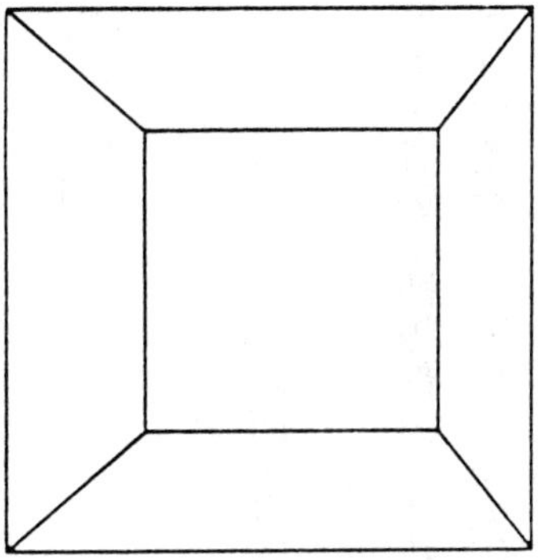

可以看成這樣……。

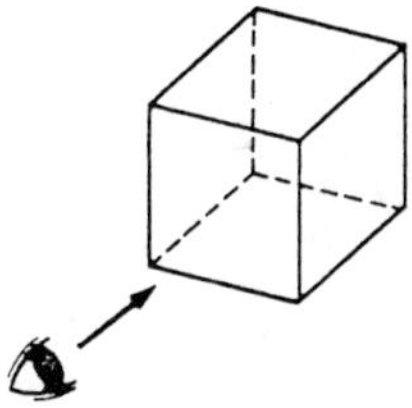

又可以看成這樣……。

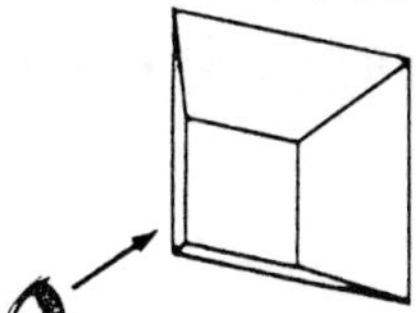

人的視覺是會混淆的

〈解說〉

下面的這些圖形，都是有時看起來是凹，有時看起來是凸的透視圖。

把這種圖形加上黑影，或畫上門等部分，其給人的印象就會有某種程度的改變，它不會被完全固定在某一個印象，它給人的印象，不斷的在動搖著。

事實上，人的眼睛（視覺）就會像如此般產生混淆，而這也是無可奈何之事。

在此，有一種稱為「超級C」的解決方法。那就是，先準備一個從另一個角度來看的同樣之圖形

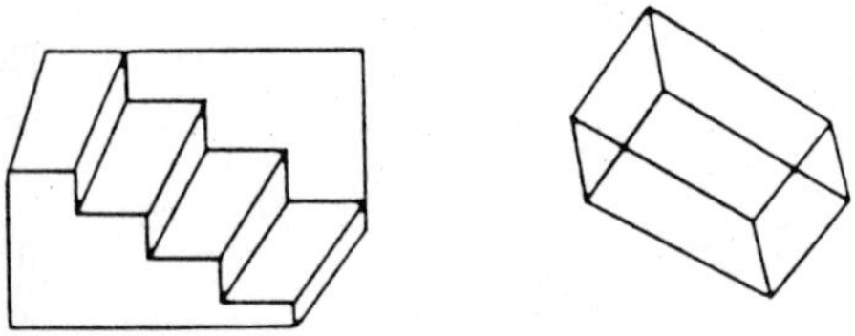

上面的圖形可以看成的直方體，也可以看成的直方體。
下圖可以看成的樓梯，反之，也可以看成的樣子。

，然後，用左眼和右眼不斷的交替注視的方法。幾乎所有的人，在交替注視後，左右的圖形就會融合為一，而成為立體的、有深度的立方形。**（有的人因左右視力、或習慣問題，可能無法看出，請不用擔心）。**

〈診斷〉

重新想過的人，請憑最初所想出來的念頭來診斷。

①在室內的「地面」上畫些什麽東西，使之看起來成一立體的人……8分

②在室內的「牆壁」上畫些什麽東西，使之看起來成一立體的人……5分

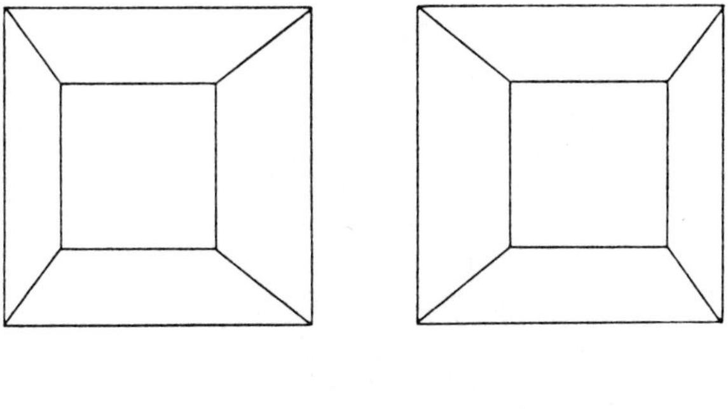

③在室內的「天花板」上畫些什麼東西，使之看起來成一立體的人……3分

④利用「立體視覺」而想出的人……3分

……完全由自己想出的是5分。謎語通或精於心理學的人，需稍減一點，只能得3分。

⑤想不出怎麼做的人……0分

⑥其他的方法……2分

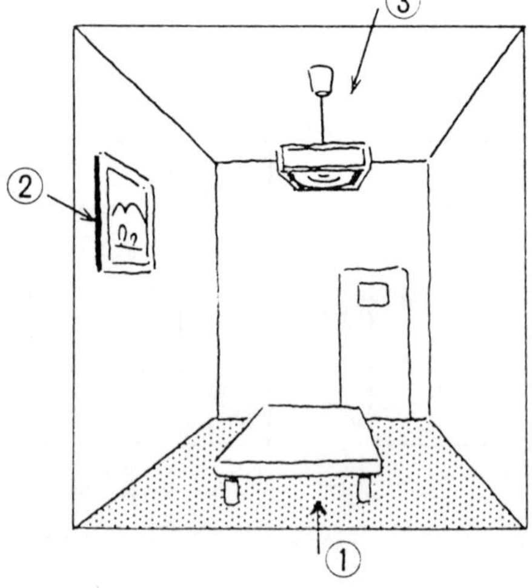

〈錯視圖形的應用〉

這是一九六八年，德雷哥斯基所做成的，供遠近視測驗所用的圖形。

Ⓐ的圖形看起來是立體的，Ⓑ的圖形看起來是平面的，但，事實上，Ⓑ是把Ⓐ傾斜45度的圖形。

Ⓐ

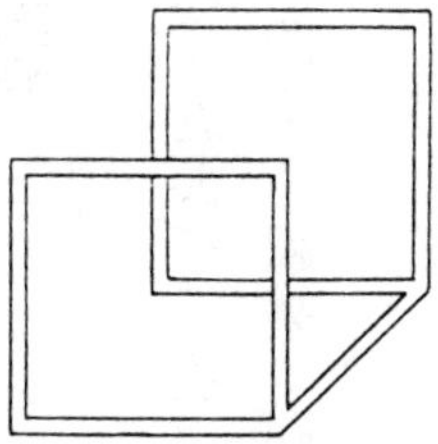

Ⓑ

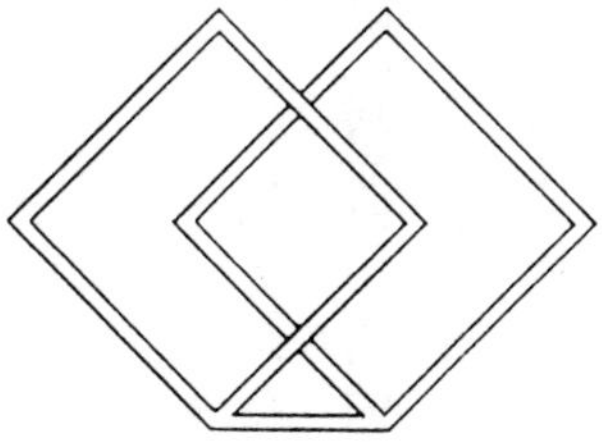

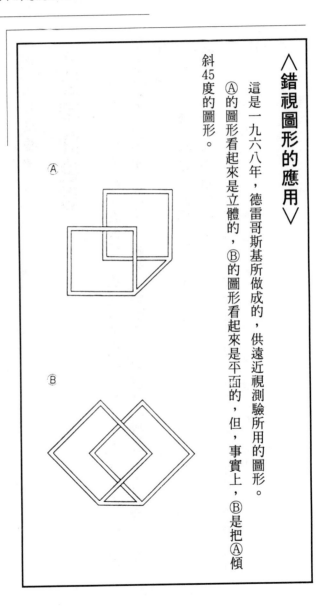

6. 創意度檢測

向迷魂陣挑戰

M小姐勇敢的向最近很流行的迷魂陣挑戰，然而，走沒多久，他就發現迷路了，因而害怕的哭了起來。她就站在如左圖的位置，可憐兮兮的不知如何是好。

身為迷魂陣職員的你，當然不能眼看著遊客在迷魂陣裡哭。所以，你必須儘快的把M小姐救出來。

現在，請找出最近的路，去找到M小姐。當然，你不可以用翻牆的方法。

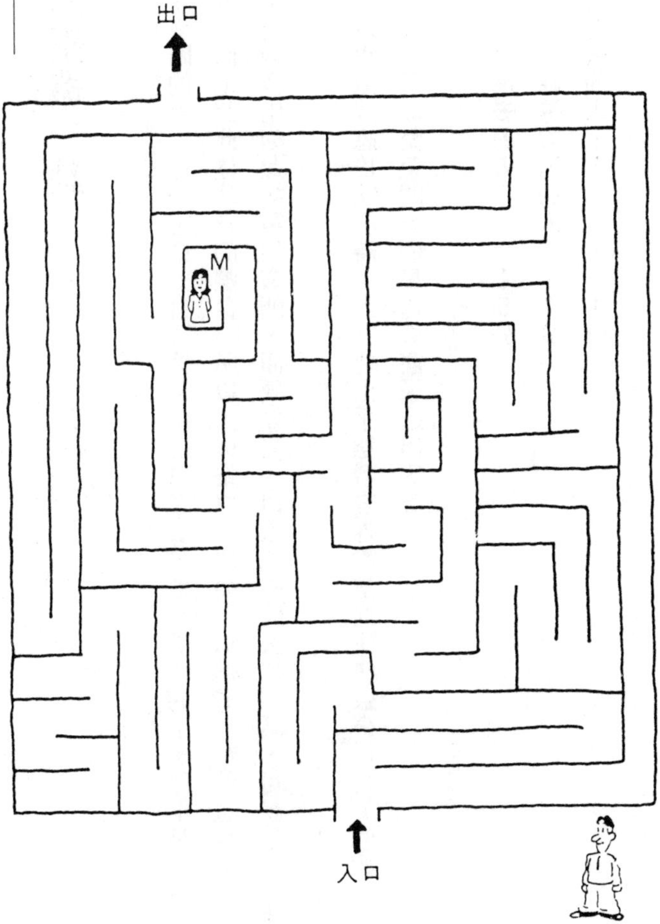
出口
M
入口

恐慌時的靈機一動

＜解說＞

看了此迷魂陣的圖，你一定會一目了然，由出口進去幫她是最快的了。你不是向迷魂陣挑戰的遊客，而是個此迷魂陣的職員，所以，你當然可以從出口進去，幫助遊客。

如果你不能領會出如此簡單的竅門，而硬要從入口處花時間去找的話，可說是墨守成規的人。

在遇到意外事故或恐怖狀況時，人常會出乎意料之外的掌握住訣竅來行動，例如：當火車發生意外時，不從緊急門，而是打破窗子逃出等等。

＜診斷＞

①找到從出口進去的人………5分
②想到利用翻牆等方法的人……3分
③從入口進去的人……………1分

6．判定你的創意度

受固定觀念拘束，腦筋僵硬的人，活在這個世界上想必不會太快樂吧。這是個需要獨特創意、聰明的腦子才能出奇制勝的時代，現就讓我們來看看你的直覺力，及創意度的程度如何？……。

15～18分　廣告撰稿人型的創意

你的腦裡常有獨特的創意、獨特的點子。創意度滿分。

10～14分　電視製作人型的創意

你的頭腦很靈光，談話時很會隨機應變，是個很機靈的人。

5～9分　小學生型的創意

你的頭腦像孩子般，很有彈性，唯太過單純了。

1～4分　婆婆媽媽型的創意

屬於頭腦僵硬，化石型人物。平日對什麼事情都不關心。

你對職棒的狂熱度

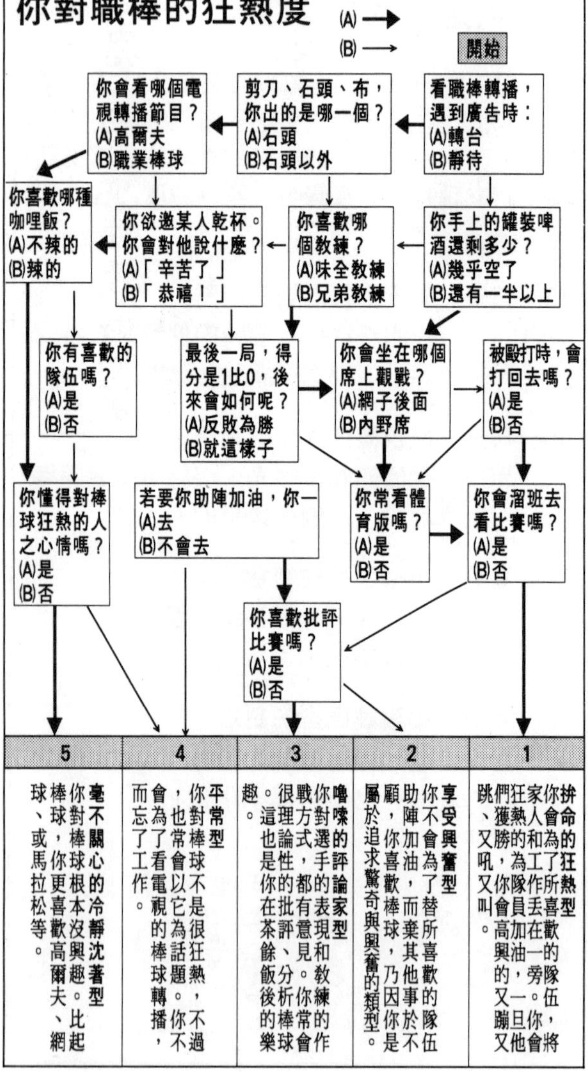
(A)
(B)
開始
看職棒轉播，遇到廣告時：(A)轉台 (B)靜待
剪刀、石頭、布，你出的是哪一個？(A)石頭 (B)石頭以外
你會看哪個電視轉播節目？(A)高爾夫 (B)職業棒球
你喜歡哪種咖哩飯？(A)不辣的 (B)辣的
你欲邀某人乾杯。你會對他說什麼？(A)「辛苦了」(B)「恭禧！」
你喜歡哪個教練？(A)味全教練 (B)兄弟教練
你手上的罐裝啤酒還剩多少？(A)幾乎空了 (B)還有一半以上
你有喜歡的隊伍嗎？(A)是 (B)否
最後一局，得分是1比0，後來會如何呢？(A)反敗為勝 (B)就這樣子
你會坐在哪個席上觀戰？(A)網子後面 (B)內野席
被毆打時，會打回去嗎？(A)是 (B)否
你懂得對棒球狂熱的人之心情嗎？(A)是 (B)否
若要你助陣加油，你一 (A)去 (B)不會去
你常看體育版嗎？(A)是 (B)否
你會溜班去看比賽嗎？(A)是 (B)否
你喜歡批評比賽嗎？(A)是 (B)否

5	4	3	2	1
毫不關心的冷靜沈著型 你對棒球根本沒興趣。比起棒球，你更喜歡高爾夫、網球、或馬拉松等。	**平常型** 你對棒球不是很狂熱，不過，也常會以它為話題。你不會為了看電視的棒球轉播，而忘了工作。	**嚕嗦的評論家型** 你對選手的表現和教練的作戰方式，都有意見。你常會很理論性的批評、分析棒球。這也是你在茶餘飯後的樂趣。	**享受興奮型** 你不會為了替所喜歡的隊伍助陣加油，而棄其他事不顧，你喜歡棒球，乃因你是屬於追求驚奇與興奮的類型。	**拚命的狂熱型** 你會為了所喜歡的隊伍，將家人和工作丟在一旁。你會狂熱的為隊員加油，一旦他們獲勝，你會高興的又蹦又跳、又吼又叫。

7. 推理度檢測

你是個專業插畫家

你是個專業的插畫家。

有一天，某雜誌的編輯部，請你為下面的這一首詩，做一幅插畫。

請問，你會畫一幅什麼樣的圖呢？只要畫出草圖即可。

黎明　朝陽　光亮閃耀

漣漪　粼粼發光　潮聲　回音

天空　微風　南風

你能否解讀事物的內涵？

〈**解說**〉

事實上，這並不是一首詩，每一個字句都是JR特快車的名稱。因此，你可能會在圖中畫上特快車，不過……。

①**沒有畫特快車，而藉由詩想像，畫出早晨海邊情景的人……0分**

很可惜，就推理能力來說，你是不及格的（單就此問題來看）。你太偏執於一方，而不擅於去發覺問題的內面。

不過，就美感和獨創性來說，你是蠻優秀的。

②**只畫特快車的人……3分**

只想到特快車的人，對時刻表很關心，或根本是個鐵路狂。從你單看問題中的字句，就可想到是哪種具體事物的名字來看，你有絕佳的分析能力，具有像偵探解讀暗號般的能力。

不過，你雖很擅於去推理詩的潛藏「意義」，卻因太過於重視這一方面，以致忘記了詩本身所要表現的「印象」。

如果你把「特快車」和「早晨的海邊」兩要素看得並重的話，所畫出的圖就會較符合這首「詩」。

凡事只偏重於一方的話，就會受到那方的侷限，也就不會有多方的觀點。……你差不多就是這樣的類型。

③畫出特快車，並畫出由詩想像到的周遭情景的人……5分

你具有從受限制的線索中，認淸事情本質的能力。有著極佳的觀察力。

你是個非常擅於運用推理能力及想像力的人。最近，你在各領域內都很活躍。很多具有獨特創意的生意人，屬於此類型。

7. 推理度檢測

不要弄錯，正確的畫出來

南太平洋某島上的小國，瓦尼共和國大總統，近日將來我國訪問。

主持歡迎典禮的你，急需準備一面瓦尼共和國的國旗。由資料得知，瓦尼共和國的國旗如左圖般……，現在，請準備好筆，在下面的白「布」上，正確的畫出瓦尼國的國旗。

＜布＞

7. 推理度檢測

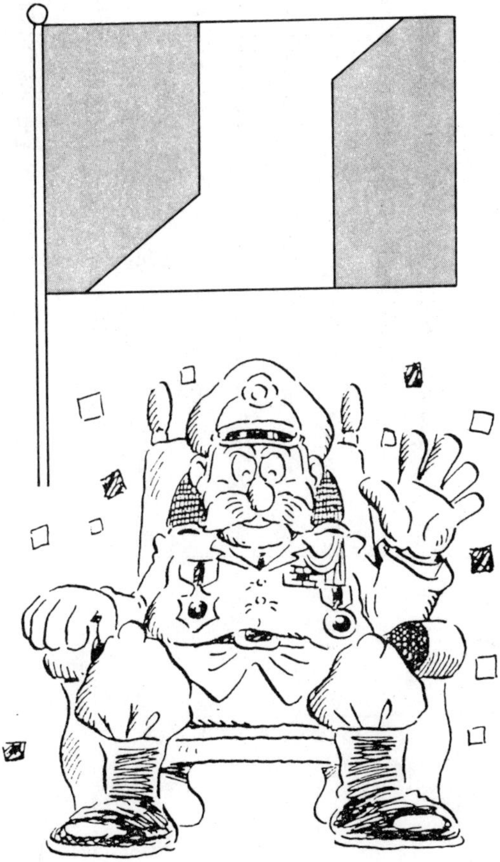

你的眼睛正常嗎？

〈解說與診斷〉

瓦尼共和國的國旗，簡直是在做弄人似的，它是所謂的「錯視圖形」。

圖中的Ⓐ和Ⓑ，其實是在一條直線上的，但因人的視覺，看起來是上下錯開的。而診斷的重點就在於，你能否注意到這點。

①把Ⓑ的部分畫的稍上一點……0分

你是完全憑感覺畫出來的。屬於感覺型，不擅於冷靜的去推理事物。

②把ⒶⒷ部分畫在一直線上……5分

具有在下結論之前，「等等」停下來思考的能力，這

①

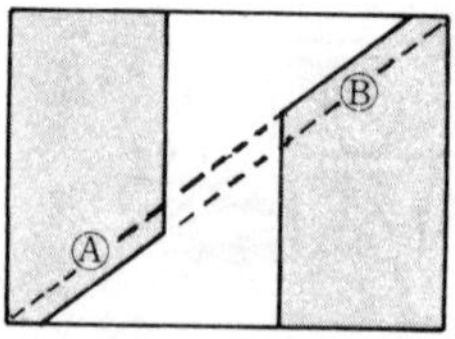

是在推理事物時的最大條件。你在這一點上，做的真是好（純屬湊巧畫在一直線的人，就要被分類在③）。

③把Ⓑ的部分畫得低一點……0分

……你自覺不能單憑直覺來畫的很好，所以，你想在感覺上做一補正，結果就變成這個樣子。也就是說，你雖具備了直覺力，卻無法充分地去利用它。

②

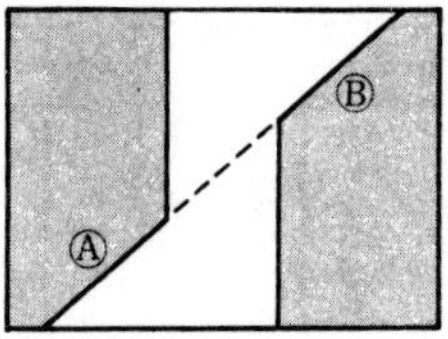

③

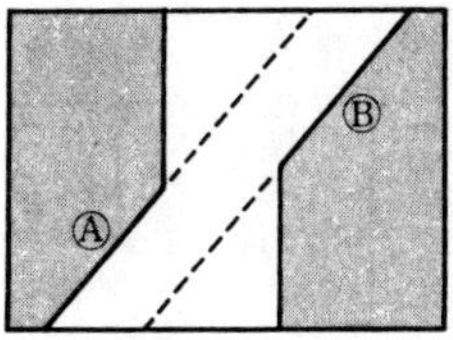

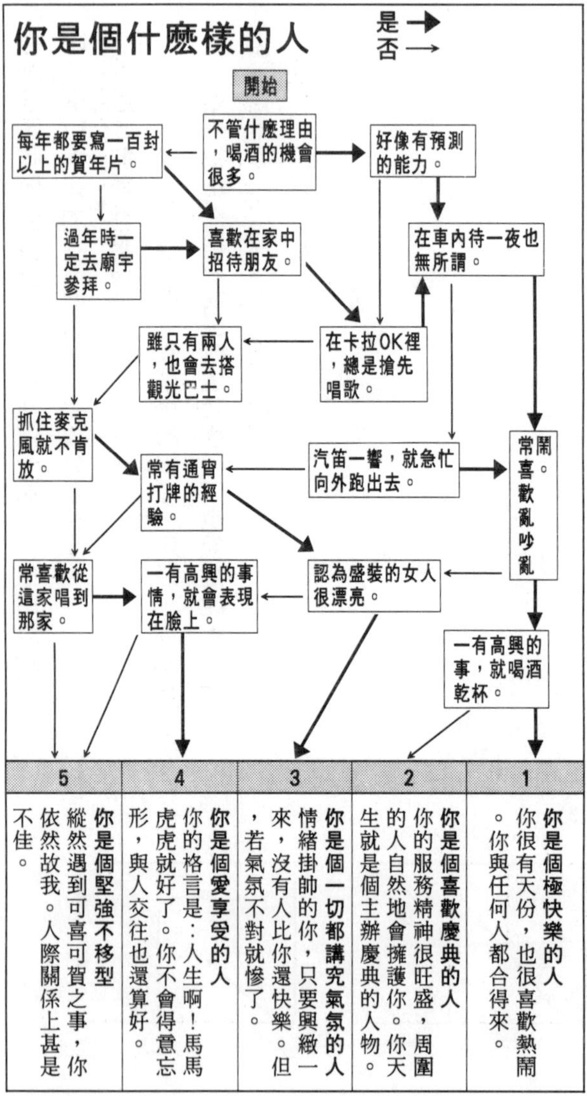
你是個什麼樣的人
是
否
開始
不管什麼理由，喝酒的機會很多。
每年都要寫一百封以上的賀年片。
好像有預測的能力。
過年時一定去廟宇參拜。
喜歡在家中招待朋友。
在車內待一夜也無所謂。
雖只有兩人，也會去搭觀光巴士。
在卡拉OK裡，總是搶先唱歌。
抓住麥克風就不肯放。
常有通宵打牌的經驗。
汽笛一響，就急忙向外跑出去。
常喜歡亂吵亂鬧。
常喜歡從這家唱到那家。
一有高興的事情，就會表現在臉上。
認為盛裝的女人很漂亮。
一有高興的事，就喝酒乾杯。

1	2	3	4	5
你是個極快樂的人 你很有天份，也很喜歡熱鬧。你與任何人都合得來。	**你是個喜歡慶典的人** 你的服務精神很旺盛，周圍的人自然地會擁護你。你天生就是個主辦慶典的人物。	**你是個一切都講究氣氛的人** 情緒掛帥的你，只要興緻一來，沒有人比你還快樂。但，若氣氛不對就慘了。	**你是個愛享受的人** 你的格言是：人生啊！馬馬虎虎就好了。你不會得意忘形，與人交往也還算好。	**你是個堅強不移型** 縱然遇到可喜可賀之事，你依然故我。人際關係上甚是不佳。

7. 推理度檢測

這是什麼？

下面的圖形，各要表示的是什麼呢？請努力地運用想像力，一一地想想看。

Ⓐ

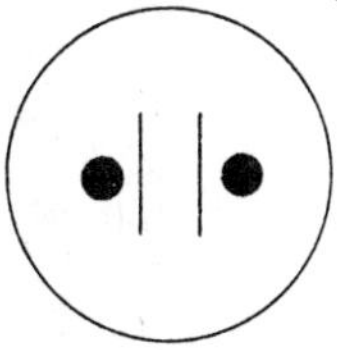

Ⓑ

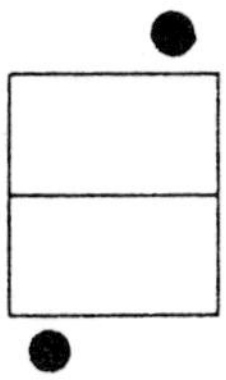

Ⓒ

Ⓓ

若與運動有關，你會想到

〈解說〉

這些是由上俯瞰的競技場、道具與人的配置圖解圖片，Ⓐ是相撲，Ⓑ是桌球，Ⓒ是衝浪板，Ⓓ是滑雪。

或者，有人會答Ⓑ是「打網球」，Ⓒ是「划獨木舟」。總之，「如果你所有的答案與運動有關」，就表示你全答對了。

我們的重點是，當你想出其中一個解答，到你發現「啊！其他的圖形也是與運動有關」止，共花了多少時間。此過程若所花的時間愈短者，推理、推論的能力就愈強。

〈診斷〉

①解答出一題（或從最先一題）後，得知「其他都是與運動有關的人」……5分

②解答兩題之後才得知之人………3分

③根本不知道……0分

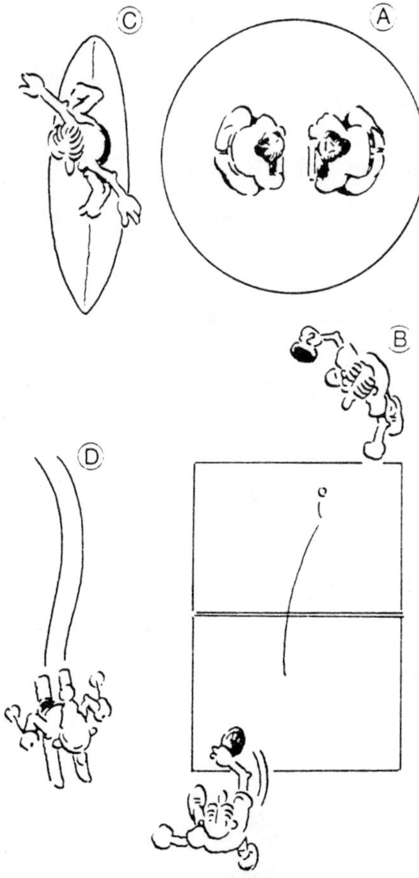

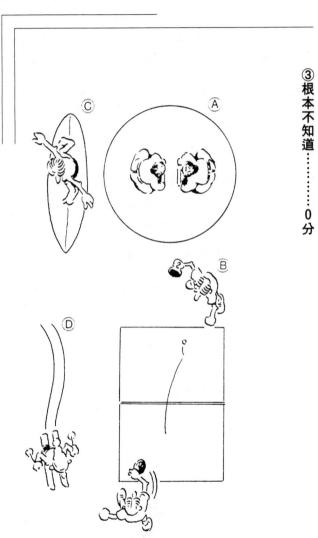

7．判定你的推理度

這也是檢查你的腦筋靈活度的測驗。若我們單是從一個角度來看事物，就不易窺知全貌，也不易知其真正要表達的一面。因此鍛鍊推理能力是至為重要的。

13～15分　推理小說作家型推理力

你能從各個角度觀察事物，具有充分看穿事物本質的能力。

10～12分　刑事組長型推理力

你雖還不夠資格當個名偵探，但已有極佳的推理力和觀察力了。

5～9分　小學生型思考力

你的頭腦頗有彈性，可是卻缺乏推進思考的能力。

0～4分　普通老太婆型推理力

頭腦頑固，簡直沒有推理力。需多多訓練。

8. 觀察度檢測

只要一下子

本書的一一八頁的左下角，寫有一些人名。請翻至該頁，讀讀那些人名。

啊！等一下。在還沒看之前。請仔細讀本頁的注意事項。

〈注意〉只可看一秒鐘，請馬上又翻回本頁。

記住，你只有一秒鐘，開始！

……看好了嗎？現在，把你記得的人名寫在紙上。

隨意認定是很可怕的

〈解說〉

好，你把記得的全都寫在紙上了嗎？

請再翻到一一八頁看看正確的答案，由上依順是：「瑪麗蓮蒙露」、「克奧雷派翠拉」、「吉水小百合」。

但是，我想一定有很多人寫成「瑪麗蓮夢露」、「克雷奧派翠拉」、「吉永小百合」當人在極短的時間內，沒有把握自己所看的是否正確時，就會一廂情願的，照著自己的意思，去曲解所看到的東西。

現在，有了這樣的認識之後，再看這些人名，你會有何感想？

大概有很多人會如此認為：

「隨意認定是很可怕的」吧？

〈診斷〉

①正確記住所有人名的人……5分
②只正確記住兩個人名的人……3分
③正確記住一個人名的人……2分
④一個人名也沒正確記住的人……0分

8. 觀察度檢測

請冷靜的回答

正當你在地下街享受購物之樂時，突然，傳來「失火」的警聲。你一看，就在前處不遠，濃煙不斷冒出。在這緊急狀況下，你會採取什麼行動呢？請在下面的Ⓐ～Ⓓ中選擇其一。

Ⓐ先冷靜的看看情況，待判斷具危險時，才找逃生口避難。
Ⓑ一看到有發生意外災難的可能，就急忙躲在牆角避難。
Ⓒ急忙跑向逃生口，儘快逃離現場。
Ⓓ什麼主意也沒有只是盲目的跟著周遭的人潮跑。

……你已經選出答案了嗎？

現在，我再問你一個問題。
當你採取行動時，你想你周遭的人會如何做？同樣地在Ⓐ～Ⓓ中選擇其一。

你能冷靜的觀察嗎？

〈解說與診斷〉

人在千鈞一髮時的行動，實在是很難預想得到的。比起白天，人在晚上時的判斷更易慌張。

為了防止發生這樣的缺失，平時我們就應養成多多觀察周遭的習慣。

①自己的答案是Ⓐ或Ⓑ，認為他人是Ⓒ或Ⓓ的人……2分

當問題牽涉到解答者本身的私人問題時，作答者的回答就易傾向於現實感較弱的「原則性」答案，而，這也是心理測驗的一般常識。

你也是屬於這種情形，你在回答時會顧及面子問題，所以，你就難以冷靜的、嚴格的做自我觀察。

事實上，當遇到大災難之際，你會採取與周遭的人同樣的行動之可能性極大。

②自己的答案是Ⓒ或Ⓓ，也認為他人是Ⓒ或Ⓓ的人……5分

你很認淸自己本身。在碰到緊急事情時，你沈著、冷靜應付的可能性很大。

③自己的答案是Ⓐ或Ⓑ，認為他人是Ⓐ或Ⓑ的人……0分

老實說，你過於樂觀了。

④自己的答案是Ⓒ或Ⓓ，認為他人的是Ⓐ或Ⓑ的人……1分

你對自己過分悲觀，屬於喪失自信型。就如你自己的預測般，你的冷靜度相當的低。

8. 觀察度檢測

請幫幫勸募者的忙

歲末的某天早上，你胸前掛著一個寫著「歲末勸募運動」的募款箱，來到火車站前的廣場。在你的四周，趕著上班、上學的人，行色匆匆的走著。

現在，你要站在廣場的哪個地方，才能夠勸募到最多錢呢？

請把你想站的地方圈出來。

8. 觀察度檢測

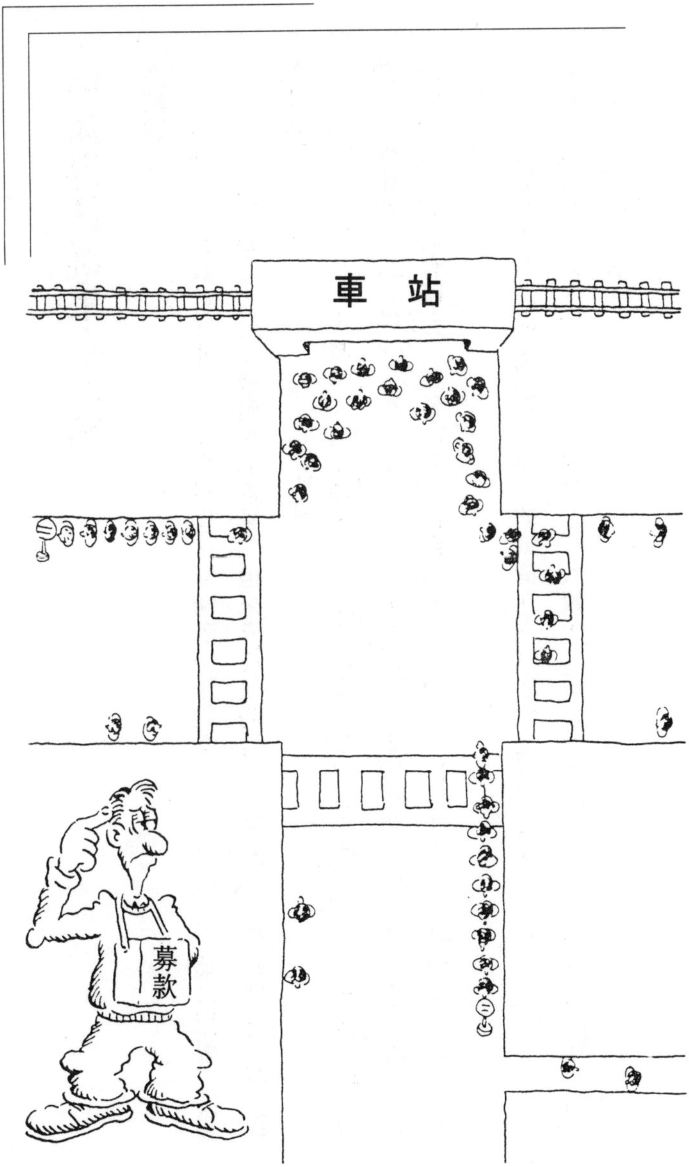

你抓得住群集心理嗎？

〈解說〉

例如：在深夜的電車上，有個醉漢正騷擾著某年輕女性，可是周圍的乘客卻視若無睹……。在人行道上，有張被廢棄的椅子，但來來往往的行人，卻沒有一個拿開它，就這樣的走過去……。

當只有「我」一人時，人的良知、責任感和正義感都會發揮作用，可是，當「我」屬於「群衆中的一人」時，人就易採取不負責的行動、偷安的行動。社會心理學家比普•拉達尼對這方面甚有研究，且名之為「社會的偷安心理」，相信你本身多多少少有與之類似的經驗吧。

以此觀點來看此測驗可知，個人的感情在人群之中是會被壓抑的，所以，向「人群」勸募的效果較不好，因此，還不如站在行人較少又不致落單的位置，向每個人好好的勸募，才是最好的方法。

圈選如圖中斜線部分的人，不管是有意或無意的人，都可認為其對社會心理頗為了解。

當然，你若採用選定一人為目標，做「緊迫釘人式」的勸募方法，在擁擠的人群中，也會相當有效……不過，這種強迫中獎式的方法，似嫌過分，也無此必要，不是嗎？

〈診斷〉

①圈選如圖中斜線部分的人……5分

②圈選斜線以外部分的人……1分

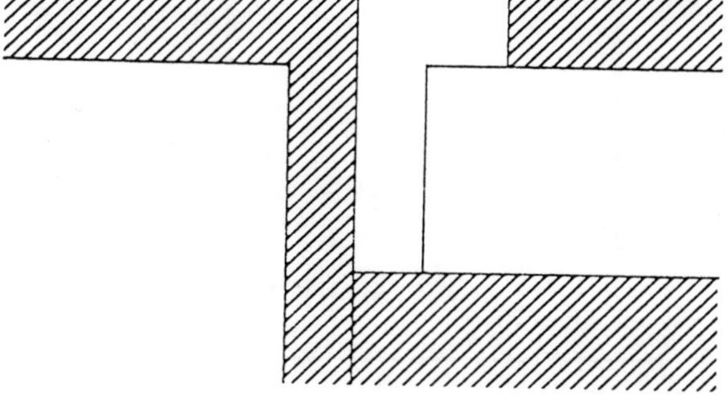

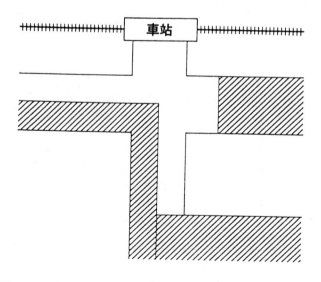

8．判定你的觀察度

你能認清一個初次見面的人嗎？本測驗是要檢測你的觀察力是否銳利。凡事以走馬看花的方式觀察的人，必會錯誤百出，甚且遭蒙失敗……。

13～15分　觀察力卓越超群

你是個冷靜，且具有完美觀察力的人。屬於連細微之處都會注意到的分析型。

10～12分　享受觀察力的人

你是個能仔細觀察對方面貌和態度等，且以此為樂的人。

5～9分　觀察力尚可

你的觀察力尚可，唯，平日並沒有加以充分利用。

1～4分　觀察力差勁型

你經常以走馬看花的方式看待事物。所以，易發生交通事故之類的事情。

9. 野心度檢測

你能看到什麼?

這裡有一個毫不出奇的「圓」，如果能從像此般的單純圖形中，看到「具體的東西」的人，可說有著出類拔萃的想像力。

請問，你從此圓形，能夠看到什麼呢?請張開想像力的翅膀，恣意想像吧。

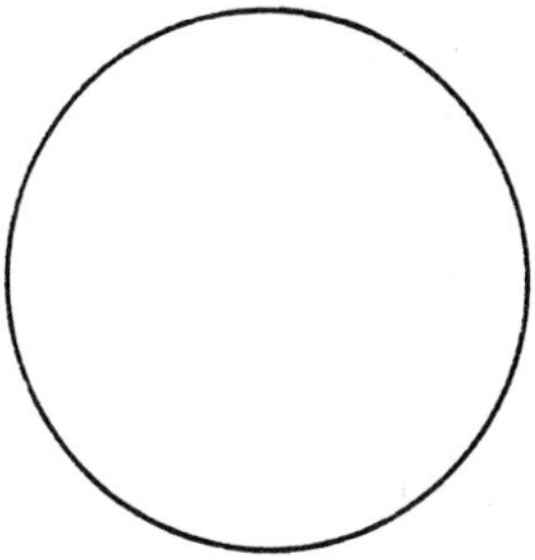

你有大膽的奇想嗎？

〈解說與診斷〉

這是檢測你的想像力是豐富？還是貧乏的測驗。

你的回答可能是：下水道的洞，太陽、月亮、大的球……千奇百怪，在此，我要依你聯想到的東西之「尺寸」加以分類。

①聯想到的東西，直徑不滿50公分的人……5分
②聯想到的東西，直徑50公分、不滿2公尺的人……3分。
③聯想到直徑2公尺以上的東西的人……1分

選②或③的人應很多吧，而想像「十元硬幣」、「棒球」等，如①般大小的東西的人，也不在少數吧。

有的人或許以為，所想像的東西愈小，表示此人的「創意力愈小」，其實並非如此。

例如：以把此圓形想像成棒球來說，由於，此圓形比圖片中的人物，更接近我們的眼前，所以給我們的感覺就不同了。

換句話說，就整體來看，此圖予人有前後的感覺，因而產生「球向我們這邊飛來」的緊迫感。

聯想出此種東西的人，基本上，屬於創意很活之類型的人。

另一方面，若以實際物體的尺寸來考量的話，我們會認為，回答月亮、太陽等的人

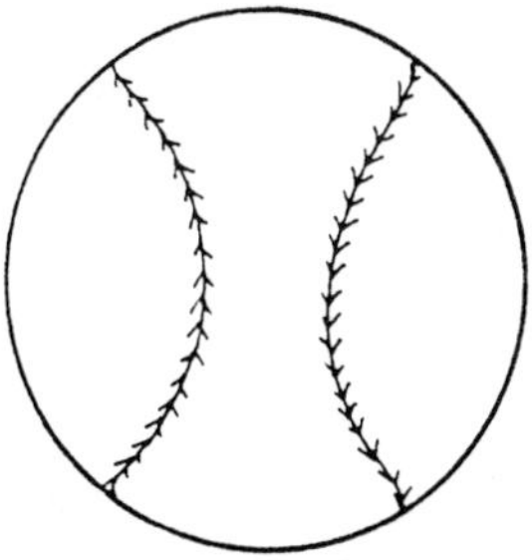

，有著「好宏偉的」想像力，其實，聯想到「高掛在天空的靜止、安定的太陽或月亮」者的心思，強烈的趨於安定、保守的傾向。

瑪麗蓮蒙露

克奧雷派翠拉

吉水小百合

9. 野心度檢測

何處是「終老之家」？

如果你想在下圖般的觀光地蓋一房子，做為養老之用，你會把房子蓋在哪裏？

請在你所選的位置上做一記號。

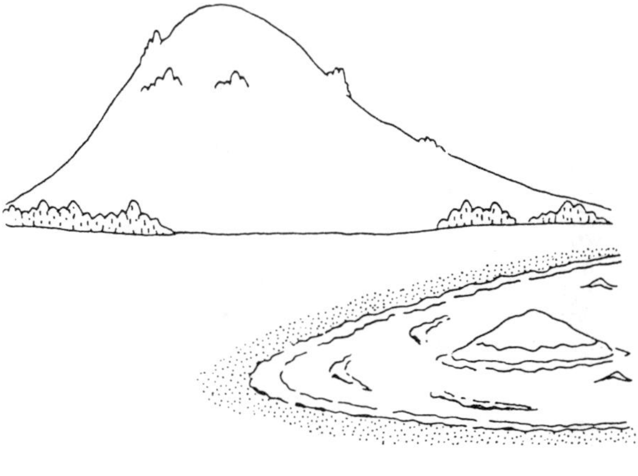

你是保守派？還是激進派？

〈解說〉

問題中附帶有「養老」的條件，換句話說：

「一旦去除了工作、做生意、上班、上學、人際關係，及其他種種之『障礙』後，你會選擇什麼場所來生活？」

從你的答案中，就可反應出你現在所隱藏的願望。

〈診斷〉

根據你所選的位置來診斷。

①把房子蓋在島上的人……0分

你有很強烈的逃避現實之願望。這也表示你不再野心勃勃，只想安定的過平靜的生活。

②把房子蓋在靠近海岸的人……2分

屬於採取「保守」既有的地位和收入姿態的現實主義者。對周遭有蠻強的體貼之心。

③把房子蓋在海岸彎曲部分的人……4分

屬於追求刺激及慾望的類型。充滿著青春氣息，頗有社交性，野心度也很高。

④把房子蓋在靠山的人……5分

愈是靠近山者，理想愈高，屬於追求夢想的野心家類型。理想高、自尊心也高。

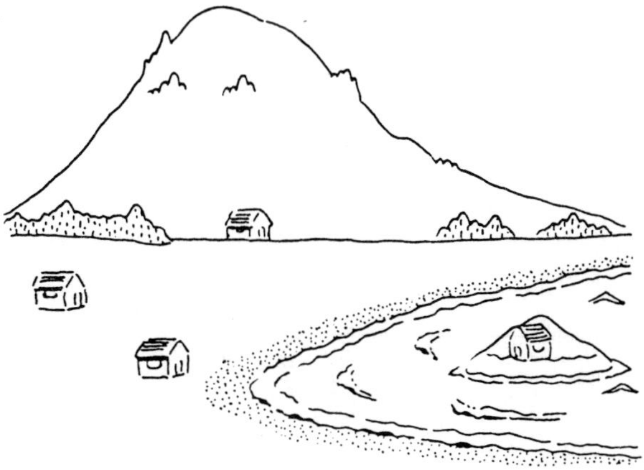

9. 野心度檢測

你會選那匹馬

賽馬迷馬先生，帶著愉快的心情到你家玩。他對你說：

「這是今天ＫＫ賽馬場的照片。你認為四匹馬之中，哪一匹是冠軍馬？如果你猜中了，我就把得到的利益，也就是獎金，但要扣除掉馬票的錢，全部都給你。」

你的回答是什麼？

③
②

你能不能出人頭地？

〈解說與診斷〉

選擇①號馬的人……0分

你是非常慎重的安全型，凡事不從各個角度來檢討問題點的話，是不會提出結論的。你幾乎沒有想靠自己的力量去出人頭地的野心。

選擇②號馬的人……5分

你屬於不屈不撓，勇往直衝型。將來獲得大成功的可能性很大，但在一擊分出勝負時，也可能受到很大的傷害。

選擇③號馬的人……3分

你是多才多藝，且人際關係相當好的人。在好同伴的幫忙下，成功是垂手可得的。

選擇④號馬的人……2分

你是個直來直往、個性開朗的人，對於工作和社會地位並不很執著，不論在工作上、興趣上，你都傾向於找出「生活之意義」。因此，你不會很早就出人頭地，但社會地位是很穩當的向上爬昇。

但是，聽了你的答案的馬先生卻說：

「哇！你真厲害…居然猜對了。好！咱們清算一下。我在這個比賽中得到的獎金是0元。買馬票花了一萬元。也就是說，我的利益是負一萬元。你必須給我一萬元。」

……這是那門子的事，馬先生還想從你這摳一萬元。實在混蛋至極。總之，答話之前必須小心再小心，不然陷阱可真多。

9．判定你的野心度

你對人生，例如：公司的晉昇、名譽、地位等等，有什麼樣的野心，為抓住成功，就需有旺盛的野心。你有沒有當個一國一城之王的野心呢？

13～15分　宰相型的野心

頑強、積極，為了成功，不惜一切的你，野心度為滿分。

10～12分　明星誕生型的野心

你是個多才多藝，且人際關係相當好的人。你隨時都想當個引人矚目的「明星」。

5～9分　孤獨一匹狼型的野心

你有很想成功的意志，但，只想憑著一人來一決勝負。

1～4分　安全志向型

與其出人頭地，你寧願好好守著家庭及既有的地位。此種型以年高者居多。

10. 自信度檢測

請帶著自信來回答

這些都是簡單的常識問題。下面的問題中只有一題的敘述是正確的，究竟是哪一題呢？請在（　）畫圈。

①（　）世界第二高的建築物，是東京池袋的「陽光60」。
②（　）水滸傳的作者是羅貫中。
③（　）海馬是兩棲類。
④（　）法國國旗自右是紅、白、黑三色。
⑤（　）繞著最接近太陽軌道行駛的行星是金星。
⑥（　）美麗的關渡大橋是在一九七五年通車的。
⑦（　）台北市是和基隆、三重、淡水、永和、新店、中壢相鄰接。

你是易被混淆、迷惑的人嗎？

〈解說〉

索羅門・亞修所做的實驗中，有著下述的問題：

「這裡有一條直線。另外有三條直線，其中一條和這條是等長的，請問是那一條？」

此一簡單問題，答案是顯而易見的。可是，如果把其他的人所答錯的答案告訴答題者，凡是優柔寡斷的人，就會跟別人一樣，做出錯誤的答案。而，優柔寡斷型的人，佔了受測者的三分之一。可見，「集團」的壓力有多可怕。

要把這樣的實驗重視於書上頗為困難，於是，我特意做些錯誤答案的問題，然後，依讀者看了之後的反應，再加以檢測。

前頁的問題，「沒有一題敍述是正確的」才是正確答案。換句話說，出題本身就是錯誤的，可是，你卻被「其中只有一題的敍述是正確」的提示，給迷惑了。於是，你拚命的想從其中挑出一題對的來，而這裡所要檢測的就是，你是否能信心十足的指出錯誤。

你也許有上當的感覺，而稍有不悅吧！不過，沒關係，生氣歸生氣，咱們還是有從中得到些什麼，不是嗎？

最近，有人說，這是個「甜甜圈人類」時代。即，稍缺乏自信、或稍有點不安的人，在能力的發揮上，可能比百分之百有自信的人高。

換句話說，自信滿滿，有如「餡餅」一樣的人，上昇機率，還不如中間有個「洞」的「甜甜圈型」的人高。中間有個洞，抓也好抓，吃也不費事。有洞，不完美的人較有好處，因為，他們必須努力地去填補此洞穴。

〈診斷〉

①努力想去圈出一題的人……0分

②沒有圈出一題的人……5分

10. 自信度檢測

樂壞了！

你在街上走著，咦？怎麼會有個美女猛對你笑呢？究竟是怎麼回事呢？

現在，我把你可能想到的理由列舉如下。

①～⑨的理由中，有適合於你的，請在（　）中畫○。

只圈選一個也無妨。

女性讀者們，請把「美女」改為「瀟灑的男性」來想。

①（　）或許她對我一見鍾情？

②（　）我不記得了，有可能是我的小學同學？

③（　）也許是星探吧？

④（　）難道我的臉上沾了什麼東西？或者，忘了拉褲子拉鍊？

⑤（　）也許她要對我做問卷調查？或者推銷些什麼？

⑥（　）莫非她認錯人了？

⑦（　）她也許是跟我背後的人（她的朋友）在微笑？

⑧（　）只是單純的笑笑而已？

⑨（　）其他。

在人際關係上，你是不是有自信？

圈選完後，請計分。①、②、③是一點五分，④～⑥是零點五分，其他是〇分，最後，小數點以下的數字一律進一分。

〈解說〉

你所得的分數，表示了「對她而言，她和你的溝通程度如何？」的結果。分數愈高，表示「對她而言，我是很重要」的想法傾向愈強——也就是，你是很有自信的人。

你的得分是多少？最高分的人是六分，最低分是〇分（一點五的人算做兩分，零點五的人算做一分）。

10. 自信度檢測

太陽的位置在哪？

早安。請在圖中你最喜歡的位置上，畫出朝陽。

你是活力充沛的自信家嗎？

〈解說〉

接著，請你回答下面三個問題。

①你把太陽畫在右邊的山邊？還是靠海的這邊？

山邊

海邊

都不是

②你所畫的太陽是圓形？還是一部分被隱藏在山後或海裡？

圓形

有一部分被隱藏

③前面②回答「圓形」的人，請接答此題。你所畫的圓比下面的圓大呢？還是小？

大　小　同樣

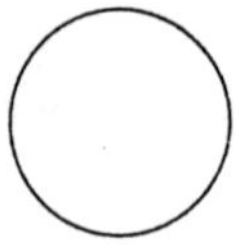

①～③題，皆在檢查你的創意活潑度。分數得愈高的人，不論是精神或身體方面，都活力充沛，屬於積極派、自信滿滿的類型。

不過，你所畫的朝陽，看起來像不像是正要下沈的夕陽呢？尤其是把朝陽的部分，畫的被山或海遮住的情形，更易讓人有不斷地下沈的感覺，這就與畫的人之意圖完全相反了。

當然，若以太陽為中心，畫出放射線狀的光芒，就不會讓人懷疑它不是朝陽了。亦即，只要下點工夫，就可更正確的表達出你所要表達的東西了。

〈診斷〉

將三個問題所得的分數予以合計，就是你得的總分。

①答山邊的人……2分，答海邊的人……0分，答都不是的人……1分。

②答圓形的人……2分，答部分被隱藏的人……0分

③答較大的人……1分，答較小，或完全相同的人……0分。

10.判定你的自信度

你對自己的能力，有什麼樣的認識呢？你是不是很自負、自大？還是蠻保守、害羞？適度的自信，是讓我們活的更好的必要條件……。

13～15分　槍手型的自信

你相當有自信，不管是對工作或任何事，你都有不輸人的自信。屬於自負、自大的類型。

10～12分　虛榮型的自信

你很虛榮，對自己很有信心。不過，對自己的能力似嫌過分自信。

5～9分　直截了當型的自信

往好的一面來說，你是很重視自己的類型。自信還算小可。

0～4分　負面思考型

凡事皆以負面來思考的你，頗消極。對任何事都採保守的態度。

11. 魅力度檢測

不喜歡這樣的面貌！

下面是張不太有特徵的面貌，請為其加畫些什麼，讓他能給人稍留下點印象。

你會畫上些什麼東西？

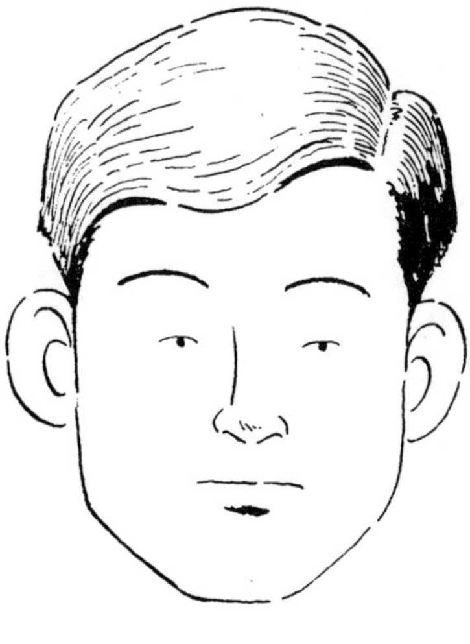

「面貌」會左右人際關係

〈診斷〉

根據你所畫的東西，給予分數及評價，如下：

①鬍子……3分
②眼鏡……3分
③黑痣、雀斑、面皰……2分
④瘍痕、刺青……5分
⑤皺紋……1分
⑥強調眉毛、唇等既有的部分……3分
⑦帽子……3分
⑧髮髻……5分
⑨其他……1分

〈診斷〉

由於主題是「給予人印象的面貌」，所以，愈是加上讓人一見難忘的顯眼特徵的人，愈是符合此問題的旨趣。

從此意義來看，像④般，加上不是與生俱來的特徵，就較有效果。當然，在臉上加上刺青的點子，實在讓人有點匪夷所思了。

大家都知道，面貌在人際關係上，擔任了很重要的角色。據調查（一九七六年，英國），不論男女，與人初見面時，最注目對方的部位是面貌，每兩人中就有一人做如是回答。

據調查，面貌中最受矚目的部分如下：

⑴眼睛62％，⑵頭髮＝22％，⑶牙齒＝5％，⑷嘴巴＝3％，⑸其他＝8％。

由此可知，若欲改變予人的印象，改變眼睛的印象是最具效果的。其他較重要的部分，男人是嘴巴，女人是頭髮。所以，男人改變嘴唇的最好方法，就是留鬍子，女性呢？改變髮型或戴頂帽子，都可發揮很大的功效。

11. 魅力度檢測

如何改變心情？

這裡是某動物園。欄裡的一隻猴子，做出頗悲傷、頗痛苦、頗無奈的表情。

如果你是動物園的飼養者，要如何做？才能改變猴子的心情呢？

①拿香蕉給牠吃。
②把牠和其他的猴子關在一起。
③拍拍牠的頭部，安撫牠一下。
④什麼也不做。

11.魅力度檢測

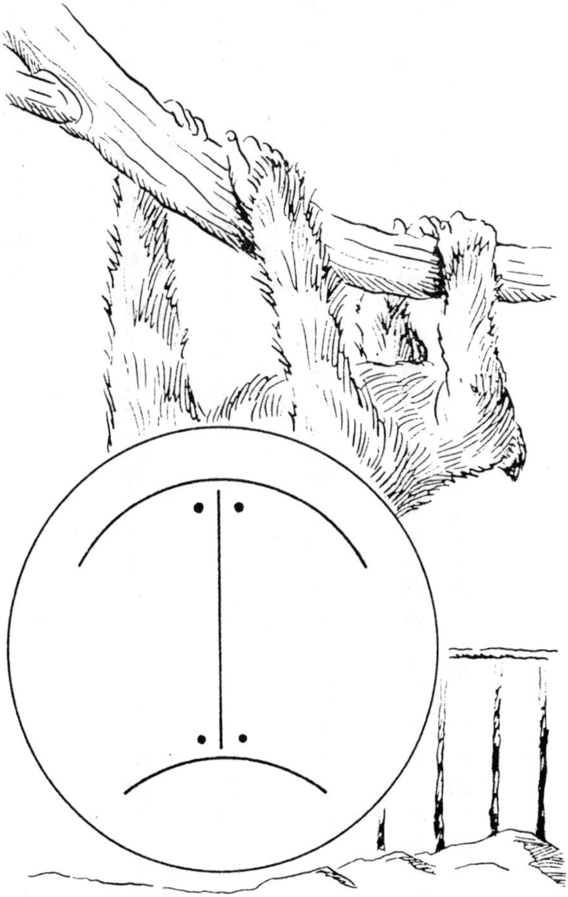

你是個和善之人嗎？

〈診斷〉

①給香蕉等食物來舒緩其心情，只是暫時性的解決方法。以物質來攏絡對方的態度實不值鼓勵。……1分

②對猴子來說，把牠和其他的猴子關在一起，應是最好的辦法。此為明白猴子終究有其自己的世界，不是人的安撫所能及的道理之人。……5分

③拍拍牠的頭的人，頗和善的，但這種暫時性的安撫，不是根本的解決方法。……3分

④以身為一個人的魅力來說，這種人只能得零分。既然是個飼養者，應留意到動物的表情和動作，可是，他若什麼也沒做，就表示他是個冷淡，凡事皆漠不關心的人。……0分

〈解說〉

如果你把本書倒過來看，前頁猴子的苦瓜臉就一變成為笑嘻嘻的臉了。不過，這與診斷並沒有直接的關係。

由於猴子是倒吊在樹上，所以，你看到的是張很無奈的臉。就這點來看前面的問題，「什麼也不做」應是正確答案。

人的視覺常會「上當」，如：看倒吊猴子的表情就是易被欺騙的例子之一。

直到你知道必須倒過照片來，看照片中人物的表情，或認出此張照片究竟是誰之前，常需花掉你很多時間的。

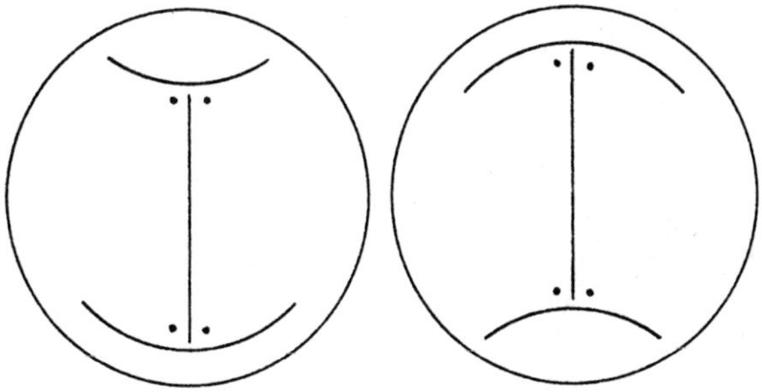

11. 魅力度檢測

她的禮物

你想送件內褲給左圖般的女性，你會送哪一件呢？其中，必有一件是她喜歡的……。

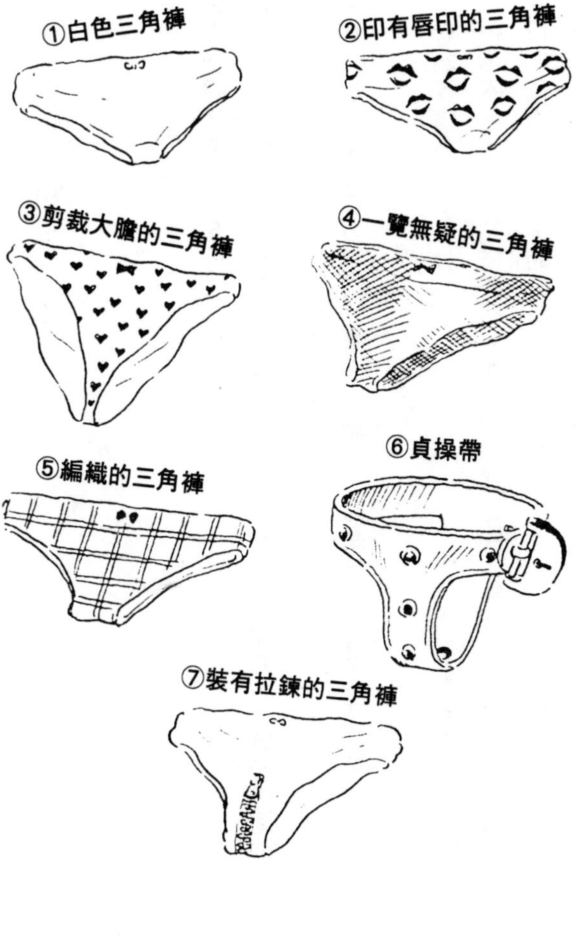
①白色三角褲
②印有唇印的三角褲
③剪裁大膽的三角褲
④一覽無疑的三角褲
⑤編織的三角褲
⑥貞操帶
⑦裝有拉鍊的三角褲

你懂得女性的心理嗎？

〈解說與診斷〉

①全部都買來當禮物者……5分

「既然知道其中有一件是她喜歡的，我就全都買下來送給她，如此，一定能討她歡喜」，如此想的你，實在大膽又很恰當。你是懂得女性心理的人。

這麼一來，她一定成為你魅力下的俘虜……總之，這是魅力度最高的答案。

②選擇其一做為禮物者……1分

以內褲做為禮物本身，就有點怪怪的。如果你貿然送件三角褲給對方，反會遭到難為情的反效果。所以，你應多動動你的腦筋，不要那麼僵化。

又，真的從中選擇其一的人，想必是個毫不幽默，相當無聊的人。

③選擇其他東西做為禮物者……3分

你有著適度的幽默感，在魅力度上，亦屬尚可。

④不喜歡用內褲做為禮物者……3分

你的生活哲學是：我行我素，凡事皆以自我為主張，以魅力度來說，還算頗高的。

不過，你的頑固，卻使得周遭之人，對你敬而遠之。

11. 判定你的魅力度

你很受人歡迎嗎？你是屬於跟任何人都能合得來的類型嗎？人若想在社會上立足，人際關係是相當重要的一環。你的魅力度能左右你的人生一切……。

13～15分　理想的魅力度

你有很大的信念，不論是在人格方面、能力方面，你都是個有理想、有魅力的人。

10～12分　長袖善舞型魅力度

你與任何人都易親近，很和善，屬於長袖善舞的類型。

5～9分　情緒性的魅力度

你是情緒好的時候，一切平安，情緒不好時，就翻臉不認人的人。

2～4分　害羞型魅力度

若於社交，害羞。無法把自己的意見表達給他人的你，總是孤孤單單的。

你的忍耐程度

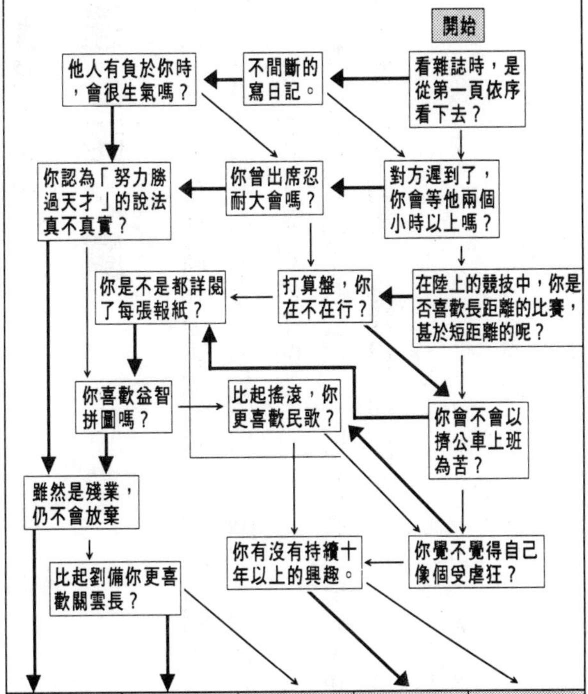

5	4	3	2	1
你是台灣的驕傲。你有鐵一般的意志，不管什麼樣的運動，都能向之挑戰。你是能化不可能為可能的超級努力的人。	天生的長跑健將。最適合做以耐力取勝的運動。你有朝著目標，孜孜不倦努力的耐力，所以最適合做馬拉松的賽跑。	由「好惡」中逐漸培養忍耐。你的忍耐力屬於普通。不過，若碰到自己感興趣的運動，忍耐力就會倍增。	一個人就可以做的運動最適合。你有著易熱易冷的個性，所以你不會很認真的去做一樣運動。因此，你絕做不好團體運動的。	比起運動，更喜歡「無事躺著」。總之，你討厭麻煩的事情。你認為努力、堅持到底、腳踏實地：：，都是無謂的字眼。

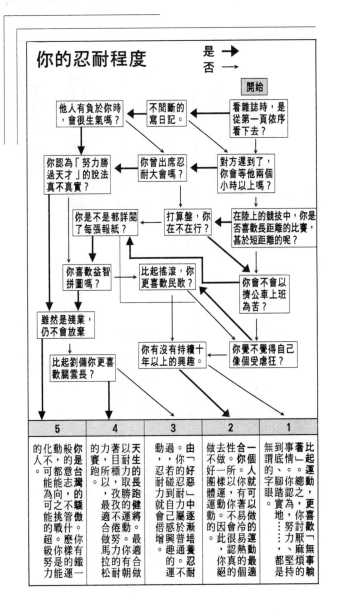

12. 信賴度檢測

高速公路之魔

三個月前，有條高速公路開在某山凹的田園地帶。據說，此處是古代的亡命武者所隱藏的地方。不知何故，圖中A的地點常發生車禍，「怨靈在作祟」的說法，不逕傳了開來。

這條視線良好的筆直公路，何以會發生這麼多起的車禍，實讓人不解。仔細看了這張圖後，你找得出原因嗎？

12. 信賴度檢測

你是不是能站在對方立場來看的人？

〈解說〉

這是利用「隱藏畫」的手法所做成的問題，換句話說，只要換個角度，就能發現被隱藏的圖形。把書本豎立起來，從旁邊看的話，就可看到一個骷髏臉。

現在，請你以行駛在高速公路上的駕駛者之視野來看此圖。如圖所示，本來是平緩的山坡和田野，一下子就變成，像怨靈般可怕的臉。駕駛人，在突然之間，看到出現在眼前的可怕臉孔時，都會馬上的踩剎車。

因此，解決此問題的關鍵就在於，你是不是能夠「站在駕駛人（當事者）的觀點或立場，來看事物」。

能夠立刻想出答案的人，可信賴度極高，在與他人諮商時，會站在對方的立場來考慮他的問題。

有的人之所以會不知如何判斷，或做出錯誤的判斷，多半是因他堅持著自己的立場，以為「自己的想法是沒有錯的」。這種人，自然很難受到周遭人的信賴。例如，如果你是個餐廳的經營者，現在，請你不要再老是站在店內的觀點，來看你的經營，有時不妨從外來的客人之觀點來看，這是很重要的。

〈診斷〉

①能夠發現被隱藏的「怨靈」圖畫的人。亦即，存有以「駕駛人的觀點來看」的念頭。……5分

②不是如此（偶然發現）的人……3分

③什麼也沒發現的人……1分

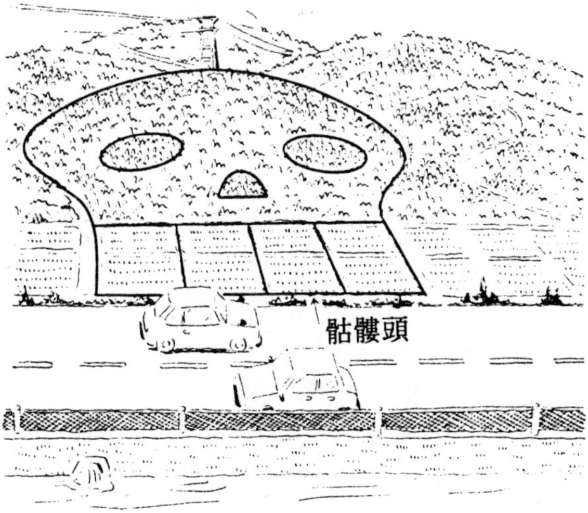

12. 信賴度檢測

你會選擇哪個圖表？

同事華尼，前來找你這個新進人員商量。

「董事長要我做一個，可以清楚表示咱們的死對頭S公司的職員人數圖表。昨晚，我特地加班做了好多個圖表，可是，我不知該提出哪一個才好？」

「一看就知道，這個圖表的數據最能讓董事長看明白了，你就提出這個好了。」

你建議的是哪個圖表呢？

①

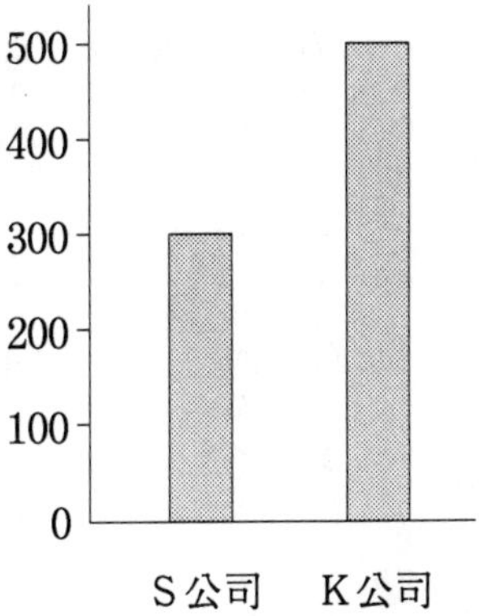
500
400
300
200
100
0
S公司
K公司

②

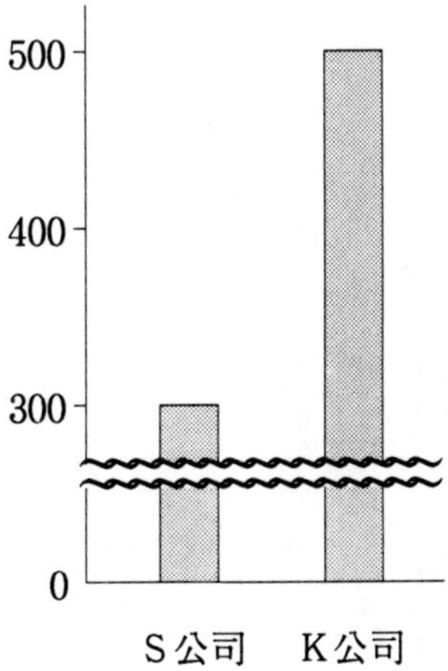
500
400
300
0
S公司
K公司

③

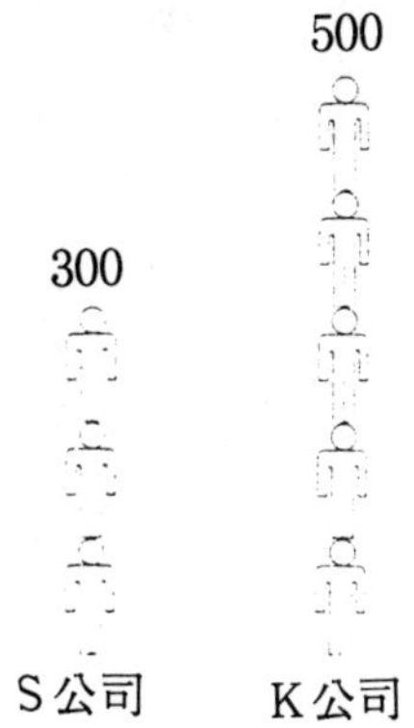
300
500
S公司
K公司

④

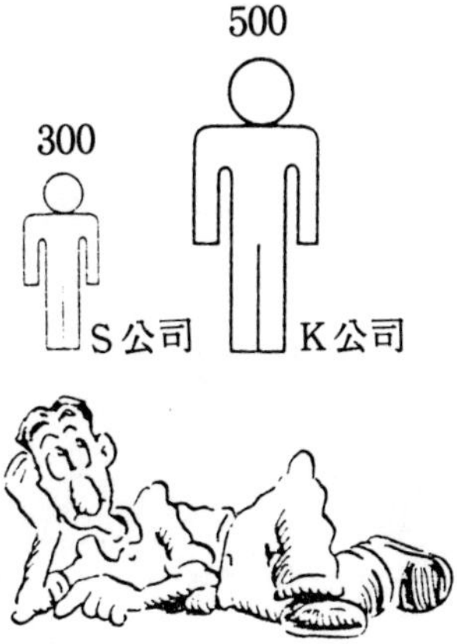
300
500
S公司
K公司

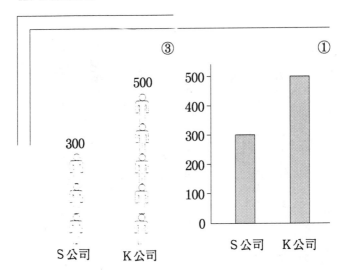

不要受圖表或數字的欺瞞

〈診斷〉

答①的人……3分
答②的人……0分
答③的人……5分
答④的人……0分

〈解說〉

就「信賴度」的觀點來看，答②和④的人，全然「不及格」。

例如②，是切掉①圖表的下半部，然後，特別去誇張兩個公司職員數的差異。

至於④的圖表，只是把③的圖表再圖像化，它或讓人較能一目了然，但是，仔細一看，不難發現其高和寬是成比例的，也就是，圖像的高是兩倍的話，圖表的面積就變成四倍，如此誇張的表示法，其實是欺瞞了觀者。

換句話說，此種圖表僅「誇示」了自己公司的規模，卻不是提供董事長做一冷靜判斷的有用資料。

當然，「誇張」的做法，也是一種重要的表現手段，但，它就像一把雙面刃的刀子，如果運用有誤的話，就會喪失了你的公司之信用。

可見，統計這玩意實在詭異的很。不同的製作圖表方法，就會給觀者完全不同的印象。美國心理學家D・哈佛曾說，如果不想受數字或統計的欺騙，就需注意如下的幾點。

①究竟是誰要利用此統計？

②這些統計或數字，究竟是如何產生的？

③此統計究竟要被用在什麼目的上？現代是個電腦化的時代，人們常有盲從數字和圖表的盲點。

12. 信賴度檢測

你討厭誰？

請在下面所列舉的著名人物之中，選出「不管怎樣，在生理上一看他的臉就討厭」的人名來。

●小亮哥　●李遠哲　●林清玄
●文　章　●李　昂　●胡　瓜
●方芳芳　●李居明　●胡慧中
●巴　戈　●余　天　●美　黛
●朱志清　●沈春華　●星雲法師
●李豔秋　●林青霞　●黃子佼
●李四端　●林志穎　●黃平洋

●黃明堅
●陳水扁
●陳明真
●陳為民
●郭富城
●陽　帆
●張小燕
●張學友
●張清芳
●張　菲
●馮寶寶
●劉德華
●劉福助
●蔡　琴
●熊旅揚
●趙少康
●趙　寧
●黎　明
●鄭進一
●鄭志龍
●鄭愁予
●藍心湄

（按筆劃順序）

……除此之外，「不在這名單之內，你卻很想把他加入」的人名，也請予以列出。

討厭人的心理

〈診斷〉

你究竟圈了幾個？（或者，你又列出幾個人名），根據此數字來診斷。

①21個以上……1分
②16～20個……2分
③11～15個……3分
④6～10個……4分
⑤5個以下……5分

〈解說〉

所謂的在「生理上討厭某人」，也就是表現出「連討厭的理由都不去想」的心理狀態。不過，我們可以從心理學上探討，一個人討厭另一個人的原因。

「我所討厭的一面，那個人就具有著。」

「我所做不到的事，那個人卻做得到。」

……多半的原因是這兩個中的一個。

換句話說，如果此測驗的結果，顯示了你「一看他的臉就討厭」的人數達到數十人的話，就表示你有很強烈的「不願去正視自己的卑小」之逃避現實的傾向。

相反的，如果你是——

「他的歌雖唱得很差，可是長相還頗不賴的。」

「在電視上看起來是那麼惹人討厭的中年男子，文章寫得卻蠻有意思。」

——這樣的情形，即，不是採取完全否定對方人格的態度的話，你就不會在不注意時，樹立了敵人，且也比較容易獲得周遭之人的信賴。

12. 判定你的信賴度

在公司裡，你能受到長官或部屬的信賴嗎？言行不一的人，不僅很難獲得別人信賴，也易樹立敵人。現在，讓我們來看看你……。

13～15分　毫無異議的信賴度

不論是在公司或家庭，你都是個講信用、可委託之人，你從不與人樹敵。

10～12分　還算可以的信賴度

你雖能受到同事或部屬的信賴，可是，敵人也變多。

5～9分　一點點的信賴度

你不太能夠受到周遭之人的信賴，宜多加注意自己的言行。

2～4分　沒有信用的人

你是信賴感零分的人。你總是隨興之所致，隨口亂說，任意改變心意。

13. 領導度檢測

要站在哪一邊？

回答時，女性讀者請看右圖，男性讀者請看左圖。

你現在所看到的背景人物，是你的未婚夫（未婚妻）。今天你們兩個相約到某飯店，欲商談婚禮的事情。而現在前往飯店的途中。

請問，你會走在你的未婚夫（未婚妻）的哪一邊？是右邊呢？還是左邊？

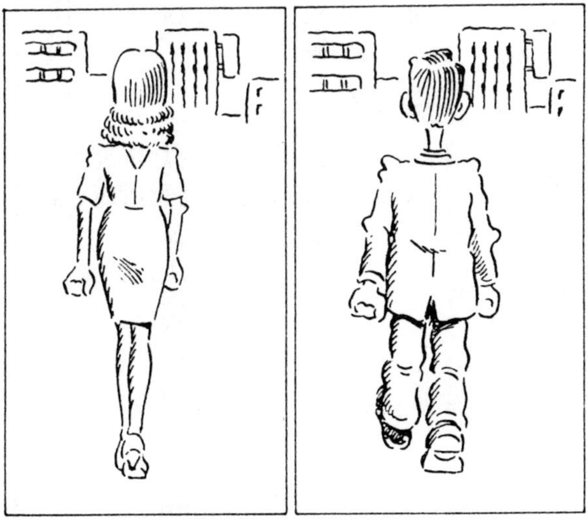

從兩人並行或並坐的位置可看出性格

〈解說與診斷〉

這是可以診斷出你在人際關係(尤其是對異性)上，究竟是掌握主導權的類型?還是順從對方的類型之測驗。

要看結果，是很簡單的：

①走右側的人，是掌握主導權，操縱對方的類型……5分

②走在左邊的人，是順從對方，被動的類型……0分

做此測驗時，盡可能和你的未婚夫(妻)一起做。

如果你們兩人都希望走在右側的話，就得注意了。你們兩很可能因各伸張自我而起衝突。因此，一旦結了婚，女性方面得常保向外發展的能源。

反之，如果兩人都希望走在左側的話，就表示你們兩人都屬於優柔寡斷的類型。在這樣的情形下，兩人間的相處必很協調，因為一方都會為他方著想，所以，你兩彼此都很了解對方。

如果是一方喜歡左或右，一方喜歡右或左的話，你們兩就屬於夫唱婦隨型，或婦唱夫隨型的關係，兩人必相處得很愉快。

兩人並排走路，或並排坐的位置，多半能反映出此人的性格。麥克雷•那普，在其所著的『不固執的溝通』一書中指出，對人關係中所表現出來的種種意識，會影響到兩人並排的位置，或並坐的位置。

以國人的情形來說，男女並排走路時，男性多半會走在女性的右側，而此種居領導地位者會走在右側的說法已極為普遍了。兩人的位置，有著一前、一後的距離時，就強烈的表示一種敬而遠之的心態。

另外，若是三人以上並排走時，愈是潛意識走在中間的人，愈有強烈地想在團體中居領導地位的意識。

13. 領導度檢測

你是大人物新手

你是今年才加入最受歡迎的職棒隊「強人軍」的新人選手。你被期待馬上可投入球賽，結果也如所期待的，在開幕賽中，你一開始就表現出很好的成績。

由於你的出色表現，你將被破格擢用為正規球員。

但，如此一來，就會有個正規軍選手被你擠掉。

請問，左邊9個選手中，你會選擇哪個守備位置上的選手來替代他呢？

13. 領導度檢測

9號	8號	7號	6號	5號	4號	3號	2號	1號
投手	捕手	左外野手	右外野手	中間手	三壘手	一壘手	二壘手	游擊手
江豪俠	孫生祐	黃英雄	田樹仁	柳信義	蔡永昌	李明秀	王仁居	陳平岡

從棒球的守備位置可看出一個人的領導素質

〈解說〉

例如：以「投手」這個職位來說，選擇它的人多為獨來獨往的人，常以「我怎樣、我怎樣」來表現自己，屬於自我顯示慾強的類型。

選擇此職位的你，就有著如上的性格，或者，你對此種性格有強烈的憧憬意識，所以，你較不適合負責統率團體的工作。

「一壘手」，最被要求的是行動力，由於備受矚目，所以，一出錯就難逃衆人之眼。一個非常希望受人注意的人，是不適合做統率者的。選「三壘手」或「中間手」的人，不會做無理的要求，總是順應著組織。最能表現個性的，就是選「游擊手」和「二壘手」的人。此種人具有相當的能力和自信，最適合當領導人物。選「左外野手、右外野手」的人，易受自己的情緒支配，不適合當個領導者。不過，此種人頗受人歡迎。

另外，「捕手是球隊的靈魂人物」，以此立場來看，選此職位的人，多半是統率隊員的領導類型，不過，這種人較傾向於當個無名英雄，所以，他就較欠缺當個「群體的代表者，或群體的面子」的能力。

總之，本測驗就是從你選擇的各個棒球選手的守備位置（打擊順序）。所表現出的性格類型，來看出你的「對團體的統率力」有多少。

〈診斷〉

①選擇游擊手、二壘手的人……5分

②選擇捕手守備位置的人……3分

③選擇三壘手、中間手的人……2分

④選擇一壘手的人……2分

⑤選擇左、右外野手的人……0分

⑥選擇投手的人……0分

13. 領導度檢測

喝悶酒吵架鬧事時……

今天在公司發生了讓你不痛快的事，於是你到酒店喝悶酒。

可是，已經喝得微醺的你，仍是難消心中的不悅，這時你真想找個人打一架。正好，在你周遭的幾個客人，你都看得不順眼，你很想一個個的拿他們來出氣一下。

現在，你究竟會找誰大吵一架呢？

①邊吃生菜邊喝酒的男人。
②窮講道理的外國人。
③留著山羊鬍子，裝模作樣的男人。
④有著湖南口音，喋喋不休的男人。

②
④
你一定要
聽我的話
③
①
你

從吵架對象看出情緒所在

〈解說〉

本測驗，可單憑你選擇與①～④中的哪位吵架，看出你在公司裡的領導度，及以何種心理與部屬來往。你所選擇的吵架對象，通常就象徵了你這個人究竟有著些什麼情結。任何人都有著，想和不是棋逢對手的人，糾纏不休的心理。

選擇①的人，有著想永遠都是個強壯男人的願望。**領導度是1分**

選擇②的人，對外國人或學歷有著情結。**領導度是1分**。

選擇③的人，極嫉妒受女性尊敬、奉承的男性。雖對自己的類型沒啥自信，卻有著充沛的精力。**領導度是3分**。

選擇④的人，對於暴露出金錢慾望和性願望一事，相當反抗。雖有嚐試新事物的慾望，可是卻不很順利。**領導度是2分**。

13 判定你的領導度

在社會中，你具有在他人之上，能統率他人的能力嗎？單是虛張聲勢是沒有用的。你必需有人望、且有保護弱者不受欺凌的體貼心，否則，你就沒有資格當個領導者。

13～15分　一國一城之主型的領導度

在公司或群體之中，你經常都是在衆人之上。對弱小者會極力地去維護他們。

10～12分　大將型的領導度

你雖有很高的領導素質，卻不能自我勉勵地去立於衆人之上。

5～9分　虛張聲勢型的領導度

你雖很想站在衆人之前，但往往僅是虛張聲勢而已。你不太有領導素質。

2～4分　井中之蛙

你常常自以為是，其實毫無領導衆人的能力。

14. 社交度檢測

你看得懂這則笑話嗎？

在下面的笑話之中，請圈出你認為最有趣的一則。

①有個男人站在雜貨店的門口。
指著香煙說：「對不起，我要這個。」
「好，22元。」
看店的老婆婆拿出香煙對他說：「我也因為這個跟你說對不起。」

②有個刑警拿著槍頂住一個男人的背後。
「別動！你敢動我就開槍！」
「我不動！你可千萬別開槍喔！」

「這才像話！不准動喔！把你借的錢還來。」

③有個男人，想把自己的車子賣給中古車車商。

「為慎重起見，我必須問你，你的車可曾肇過事？」

「沒有，不過……」

「你請直說無妨！」

「老實說，都是因為這輛車，我才在街上釣到現在的妻子……。」

④泰雄和上司的妻子，保持了三年多的深遠關係，這次，趁著泰雄就將結婚的機會，兩人話別一番。

「你就死心了吧！求求你！」

上司的妻子懇求他，可是，泰雄的意志仍很堅定。隔日，上司叫來泰雄，對他說：

「我也要求求你，對我死心吧！」

感覺笑話有趣時的心理

＜解說＞

以所選的笑話為線索，不難從中想像，感覺此笑話有趣的人之心理。

有些測驗，是藉由你所圈選的有趣笑話，來檢查「我究竟對何種傾向的笑話感覺有趣」？既而得知你和社會的關係。

然而，此測驗是藉由你認為四個笑話中哪一則最有趣的方式，來檢查你的社交性及服務他人的態度。

感覺「雜貨店老婆婆」最有趣，也就是，認為獨自一人享樂的型式像①的老婆婆般最有趣的人，在社會上稍嫌孤獨，社交性甚低。

感覺②的刑警是最有趣的人，社交性也蠻弱的，因為，笑話中，把從事嚴肅職業的人物丑角化了，而視之有趣的人，可認為是對權威的一種反抗。這種人喜歡孤獨，對於人擠人的社會生活感到無奈，且有很大的挫折感。

認為③最有趣的人，可說是以家庭生活為價值觀中心的顧家類型。較重視狹窄範圍內的人際關係。

第④個笑話，乃是把三種不同的意圖糾纏在一起，你若是覺得此則笑話最有趣，表示你有很高的社交性。

〈診斷〉

感覺①最有趣的人……1分
感覺②最有趣的人……2分
感覺③最有趣的人……3分
感覺④最有趣的人……5分

14. 社交度檢測

零散的空位

終於趕上了！你不禁鬆了一口氣。就在車子開動之際，你跳上這列不對號的特快車。

接下來，你有四個小時需待在火車上，這時，你環顧車內，座位幾乎已全被坐滿了。還好，有四個位子是空的。這下子，你非得跟陌生人坐在一起了。

①坐在Ⓐ的位子上　②坐在Ⓑ的位子上
③坐在Ⓒ的位子上　④坐在Ⓓ的位子上
⑤站著
⑥到其他的車廂看看

14. 社交度檢測

從座位的選擇可看出你的社交性

〈解說〉

選擇「站著」或「到其他車廂看看」的人，屬於極度重視自己的私有空間，不願他人介入的類型。

男性選擇男性，女性選擇女性做為鄰座的人，是個安全第一主義者，社交性馬馬虎虎。如果你選的是三個坐著都是異性的位子的話，表示你有極高的社交性，很希望受人矚目，但也是個我行我素的人。

〈診斷〉

選擇Ⓐ的人……男性＝3分、女性＝5分
選擇Ⓑ的人……男性＝2分、女性＝4分
選擇Ⓒ的人……男性＝4分、女性＝2分
選擇Ⓓ的人……男性＝5分、女性＝3分
選擇「站著」的人……0分
選擇「到其他車廂看看」的人……0分

14. 社交度檢測

消磨閒暇的方法

今天休假。家人全都出去了。家裡只剩下你和一隻貓。現在，你既沒有特別事情需去接洽，也沒特別事情需要準備……。換句話說，你現在非常的「有空」。

你要如何運用這段完全屬於你的自由時間呢？你會趁此去做什麽？只需回答一項。

你是外向？還是內向？

〈解說〉

此問題是要檢測，你在「完全自由，做什麼都可以」的條件之下，「最先想要做的事情是什麼？」

你是採取某種行動來與「外界接觸」，還是完全地自我鬆懈？

診斷的第一個重點是：「你是就這樣待在家裡？還是會外出？」譬如：以購物、運動、看電影等為目的而外出的人，表示有著強烈希望與外面接觸的願望。

其次，回答「想待在家裡做些什麼」的情形，又以有無與外面接觸為基準，而分為兩種。

亦即，一種類型為：選擇讀書、整理收藏品、看電視、修汽車等，可自己完成行動的人，另一種是，選擇寫信、打電話、餵動物等，除自己以外必須和某某溝通行動的人。

〈診斷〉

①以什麽為目的而外出的人，當然有著富社交性的外向性格……5分

②待在家裡，選擇讀書、看電視、修車等，可自己完成行動的人，屬於非常內向的性格。幾乎沒有社交性。……1分

③待在家裡，選擇寫信、打電話等，需與人溝通的行動之人，是①和②的中間型。……3分

14. 判定你的社交度

誰都希望自己是個受歡迎的人，擁有很多的朋友。你的社交性如何呢？在這個世界上，你不可能獨自活下來，所以，你要有開朗一點的性格才好……。

13～15分　有10個以上的好朋友

你是個外向、受人歡迎、個性開朗的人。你常是大家視線的焦點。

10～12分　有5個好朋友

你是個個性開朗、樂天的人，但，也有敵人。你的陰暗面總被隱藏，沒有表現出來。

5～9分　有2個好朋友

你會對和你談得來的朋友打開心扉，可是，對所討厭的人，則是緊閉不開。

2～4分　一個好朋友也沒有

你孤獨的躲在自己的殼裡。其實你頗開朗，只是被誤解是個冷漠之人。

15. 國際觀檢測

四個四樣的反應

當你通過剪票口衝入月台，看到電車還停在那兒，你真是高興極了。可是，就當你舉起腳要踏入車內時，門卻無情的「碰」一聲關上了。

……這是常有的事，現在，把「你在這種情形下會有什麼樣的反應？」的問題，詢問三個外國人和一個日本人，得到了如下的回答。你知道，哪個人的回答嗎？

①「當然只有再等下班電車囉！」
②「反正是常有的事，只好苦笑作罷了。」
③「車掌明知我趕去了，竟在我眼前把門關上，我要抗議『太過分了』」。
④「當然很氣，真恨不得踢壞車門。」

(a)美國人 (b)印度人 (c)德國人 (d)日本人

你的國際觀是否有點偏頗？

〈解說〉

在談到「國民性」時，一般人常會讓自己的思想陷在一個既定的框框內，例如，「美國人才會這樣子」、「日本人才會這樣子」，當然，這對國民性的理解或有點幫助，但，針對個人而言，這些話就不是很真實的了。

以「日本人都很喜歡吃生魚片」的說法，來認定「山田是日本人，所以一定喜歡吃生魚片」的方式，實是錯誤的。因此，單憑問題中所給予的一些情報的話，一個國際觀較高的人，會回答：「我無法作答」。

在此，需注意的是，不要貼上標籤，不要戴有色眼鏡來與人溝通。如此，便是做個有國際觀的人的第一步。

日本人的國際觀，有時變偏頗的。例如：打開世界地圖看看，日本人一定是把日本畫在地圖的中央。其實，在歐美人所畫的世界地圖上，日本只是個在地圖右邊邊緣上的小國家。對西方人而言，日本是個位於遙遠東方的異國，而此種看法乃是受到地圖影響所致。

另外，日本人的世界觀，也是以日本為中心，然後對位於東西的各國（如美國或歐洲各國），關心度較高，以南北為區分時，對地圖上部的北半球各國較矚目，可是，對下半部的南半球（如東南亞、非洲、南美各國）的關心度，就相對的低多了。

〈診斷〉

①回答「不知道」、「無法馬上作答」的人……5分

②老實作答的人……1分

15. 國際觀檢測

手能代替嘴巴嗎？

與人談話時，我們會下意識的做出各種各樣的「手勢」，而這也是我們常用來，使自己的訊息更正確地傳給對方的手段。

左邊列有七種手勢，有的甚至是各國皆可通用的，藉由它，就可表達你的意圖和意思。你認為是萬國通用的手勢，請打○，如果不是可在海外通用的手勢，請打×。

15. 國際觀檢測

人的本能性動作是萬國共通的

〈診斷〉

答案依序是：

①×　②×　③○　④×　⑤○　⑥○　⑦×

每答對一個得1分。

就整體上來說，近於人類本來具有的本能的、單純的手勢，做為萬國共通使用的可能性較高，如果不是，就無法通用。如果你在下意識中做出正確判斷，你實在是個具有國際觀的人。如果你的得分很低，那麼，當你到海外旅行時，就得注意，避免使用在國內慣用的手勢，以免招來無謂的糾紛。

〈解說〉

針對解答為×的部分來說明。

①基本上，被做為「頭」、「頭腦」的意義來使用時，是具萬國共通性的，可是此種

手勢也常被用來做為：「完蛋了？」、「那傢伙，這裡怪怪的」……等複數意義的使用。

日本人之間，若兼用語言說明，就不會混淆其意義。可是，在美國、法國、荷蘭等國，你若以此手勢來表示「完蛋了吧」，可能會被誤認為「你是個笨蛋」的意思。

在印尼、馬來西亞、印度、新加坡等國，此種手勢被認為是「好好的想想」的意思。所以，你做此種手勢時需相當小心。

②的手勢常被用來表示：「我辭職不幹了」，不過，在日本，它也意味著「女人」，有的國家則是做為「小」、「友情」、「想上廁所」的意思。

在美國，它意味著「娘娘腔」，在中國則是「不好的」、「不值錢的」之意，在沙烏地阿拉伯卻是「朋友」的意思。

④的手勢，在日本，是女孩子用來詢問「我可愛嗎？」的專用手勢，在國外則全不是此意，多半是被用來表示「很知羞恥」之意。

在美國、墨西哥是「發瘋了」，在沙烏地阿拉伯則是「了不起」等的意思。

⑦的手勢，在世界各國共通的意思是「我」……可是，有很多國家也單指「鼻子」之意。

15. 國際觀檢測

買什麽土產好呢？

有個外國朋友，明天就要回國去了。當然，買些土產當禮物送他是免不了的事。如果是你，你會選下列的哪一樣送他？

1 筷子和碗。
2 陶壺。
3 佛像陳設品。
4 衣服。
5 電器製品。
6 能引他懷念的個人小物品。

外國並不一定是指西方國度

〈解說〉

此問題只寫著「外國朋友」，並沒有言明是東方人還是西方人。

選擇①的筷子和碗、②的陶壺、③的佛像為禮物的人，是否有考慮到，如果對方是泰國人或韓國人的話，送這些給他，不是沒啥稀奇了嗎？

因此，一看到「外國」，就馬上聯想到美國、法國、英國等的人，國際感覺度實在頗低的。

〈診斷〉

①選擇1的人……0分
②選擇2的人……0分
③選擇3的人……0分
④選擇4的人……3分
⑤選擇5的人……5分
⑥選擇6的人……5分

15. 判定你的國際觀度

我國已躋身於世界的經濟大國了。因此，不具有國際感覺是無法生存下去的。身為現代人，必須隨時留意海外的資訊。你的國際感覺還可以嗎？

13～15分　外交官類型

你是個典型的國際人。現在如果讓你馬上到海外生活，是絕對沒問題的，你會像如魚得水般的自在。

10～12分　主管級類型

你具有到任何國家都能適應的素質。不過，比起①的人稍遜一籌。

5～9分　普通的上班族類型

你雖很嚮往到海外去，然，國際感覺稍嫌不足。需再加油。

1～4分　外人恐懼症

你對海外毫不感興趣，對外國人有著恐懼的情結。

16. 金錢感覺度檢測

你要揮哪個球呢？

如圖所示，在果嶺的周邊有五個球。如果要把其中的一球揮進洞，你會選擇哪一個球？請想像一下，你現在正在打高爾夫球。

由你現在所想要打的球中，可得知你對賭博的態度和金錢感覺。

從打高爾夫球的習慣而得知的金錢感覺

〈解說〉

打高爾夫球是現今很流行的運動，連女性之間也很熱衷此運動。

從打高爾夫球時的習慣，可得知此人的性格，及對工作和金錢的態度。

例如：揮桿時，對於球沒有飛到自己所想的地方時的反應，是因人而異的。有的人會大叫一聲「糟透了！」並做出一個很可惜的手勢，有的人雖不出聲，卻會把球桿亂揮一通，氣的走來走去，有的人則是沮喪的直看著球飛去的方向。

打高爾夫球，不僅可促進人際關係，甚且是讓人瞭解到一個人平時不表現於外的性格之關鍵。

一般說來，揮桿失誤時，會做出大聲嚷嚷反應的人，是個當自己的慾求不滿或焦躁時，會直截了當地把自己的感覺表現於外的人，不過，這種人發洩了之後，也就沒事了。相對的，當場不出一聲，只是把焦躁心情表現在動作的人，乃是個執著之念很深的人。

這種人對於一次的失敗，會一直耿耿於懷，因此，在人際關係上並不是很順利。而，失誤時，習慣一直朝球飛去的方向看的人，屬於合理主義者，很冷靜。在日常生活中，也是個孜孜不倦、努力打拼的人。

總之，在高爾夫球場上，我們可以做出各種有趣的性格判斷。

①選擇Ⓐ球的人。選擇位於果嶺的邊邊，離球洞還滿遠的Ⓐ球來打的人，對自己的能力很有自信，賭博時，也是個依自己的計算和判斷來下注的人。

因此，在押寶前，這種人會先考慮贏的機率。他們也是個會採納過去的賭博經驗之「經驗主義型」的人。因此，雖不會大賺，但損失也不會大。

②選擇Ⓑ球的人。選擇位於果嶺中間的Ⓑ球來打的人，屬於安全第一主義者。這種人很清楚自己的能耐，不會勉強做自己做不到的事。且，不會打腫臉充胖子，是個腳踏實地的人。

在賺錢方面，不會一意孤行，多會聽從長輩或有經驗的人之意見，然後再判斷做或不做。

③選擇Ⓒ球的人。這是一個位於果嶺外的球。選擇此球的人具有相當的行動力和勇氣，不會人云亦云。

屬於大膽，遭遇困難也勇往直前的類型。競爭對手愈多，鬥志愈是昂揚。在賺錢方面，屬於愈是困難愈想嚐試去做的類型，不是平平凡凡的。因此，常會有大起、大落的情形發生。

④選擇Ⓓ球的人。這個球最靠近球洞了。選擇最簡單，最不需花工夫的Ⓓ球的人，不管做什麽事都很消極，對賭博也沒什麽興趣。屬於非常小心謹慎的類型。

這種人絕不會靠賭博來賺錢，也不會做需靠運氣的工作，屬於腳踏實地工作來賺錢的類型，不過，心裡卻一直渴望能遇到不需太費力氣就能賺大錢的機會。

⑤選擇Ⓔ球的人。選擇在沙堆的Ⓔ球的人，一定是個大賭徒。喜歡富變化的事情，追求的是孤注一擲的賺錢方式。不願從平凡的工作中賺錢，常喜在人所注意不到的地方碰運氣。是個喜歡賭博的人。

〈診斷〉

①選Ⓐ球的人……3分

傳統謀利型。此種人會先從定期存款，或安全的郵政儲金著手，然後再研究股票的投資……。

②選Ⓑ球的人……2分

冀望靠知識賺錢。但，會選擇安全的途徑，如投資信託等。

③選Ⓒ球的人……5分

對有錢可賺的生意，如：黃金、貴重金屬的投資等，很有興趣。金錢感覺很敏銳。

④選Ⓓ球的人……1分

比起存錢，更在意的是出資的控制。對於金錢上的處理，最好是委託他人較安全。

⑤選Ⓔ球的人……0分

這種類型的人，總想靠著賭馬、賽車、賭博、海外挖寶等發大財。但，失敗居多。

16. 金錢感覺度檢測

精明度的測驗

請回答下面的問題。從中，我們就可以知道，你是精明能幹的人？還是一塊錢、一塊錢攢著錢的人？還是對金錢毫無章法的人？

(1)你回答得出，現在你皮包裡的現金有多少嗎？

是　否

(2)你不小心把一千元掉在火車上廁所裡的便器內了。你會不嫌髒的撿起它嗎？

是　否

(3)朋友要向你借一萬元。可是你身上只有一萬零一百元，明天又是禮拜天，銀行不開門。你會借他嗎？

是　否

⑷你到百貨公司或超市買東西後，會不會把統一發票好好的保存起來？

是　否

⑸年終獎金的發給方式有兩種，一是直接把支票存入銀行，一是發現金，你會選擇把支票存入銀行的方式嗎？

是　否

你是順其自然型的人嗎？

〈解說〉

從你對此五個問題的回答，「是」與「否」中，就可以瞭解你的金錢感覺。

回答「是」愈多的人，屬於以精明謀利方式增加財產的類型。

全都回答「否」的人，不擅於精打細算，屬於沒有計畫，賺多少花多少的類型。這種人很樂天，但臨時需用錢時，就慘了。

〈診斷〉

①回答四～五個「是」的人……5分

對金錢比別人加倍關心，是個精打細算的人，金錢感覺很敏銳。

②回答二～三個「是」的人……3分

屬於安全型。錢是一塊一塊的積攢起來的，不喜歡向人借貸，也不喜歡借錢給他人。

③回答一個「是」的人……1分

認為錢就是要讓人痛快使用的，不喜歡過節儉的生活。用錢大方，不論是旅行、吃飯等，都不會嗇於花用，可是，一點也沒想到，一時之需時該怎麼辦。

④一個「是」也沒有的人……0分

毫無金錢感覺的樂天依存型的人。花錢常是隨興所致，沒錢時就會向周遭之人借貸。是個麻煩人物。

16. 金錢感覺度檢測

你能靠股票賺錢嗎？

在最近的財經熱潮中，很多人加入了股票市場。現在讓我們來看看，你是不是個很投機的人，對股票投資是不是很在行？

請回答下面的四個問題。

(1)下圖的ＡＢＣＤ土地，均以同樣價格出售，你會買哪一塊土地？

(2)Ａ先生是靠買賣土地發財的人。他有個獨特的購買土地的方法。當不動產經紀人向他推薦一塊土地時，他一定會選個下雨天去看那

(1)

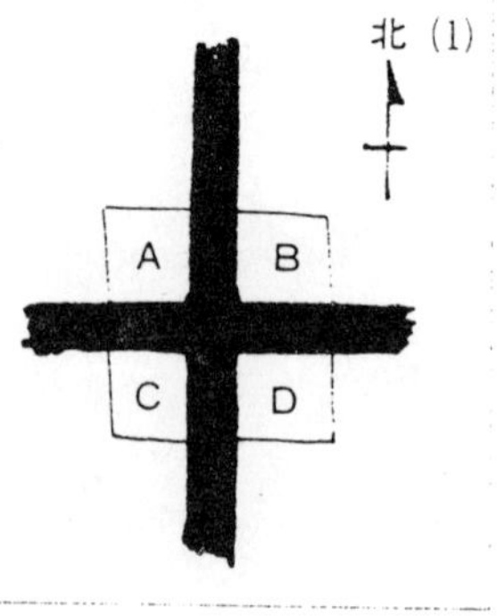

(3)

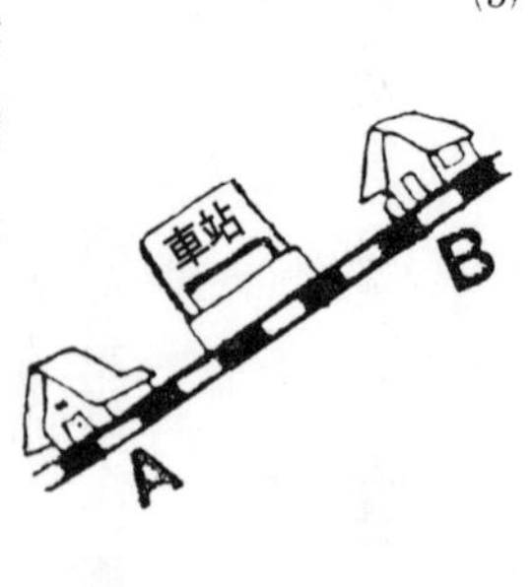

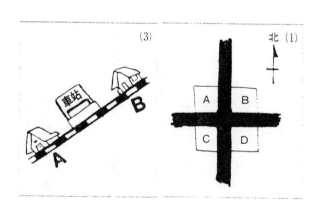

塊土地。為什麽？

(3)如右頁下圖所示，有座車站和Ａ、Ｂ兩棟房子。從車站到Ａ房子的距離，和到Ｂ房子的距離是一樣的。但是，從車站騎脚踏車到兩間房子時，總是到Ｂ的房子較費時。為什麽？

(4)一九八八年五月的某天，據說會發生電報大混亂的情形。你直覺地會聯想到哪一天呢？

6日　12日　17日　23日　29日

你適合玩股票嗎？

〈解說〉

(1)的答案是，D的土地。看下圖可知，D位於東南方。照一般的習性來說，東南方位的土地最能得到充分的日晒，所以，較討人喜歡。而，投機的人，對這一類的問題，應能馬上地回答吧。

(2)的答案是，在下雨天去看土地，就不必怕被不動產經紀人欺騙了。當不動產商想要推銷一塊土地時，必會先整地、鋪上砂石等等，總之，他會先將土地裝飾一番，讓它看起來順眼一點。因此，晴天時的這塊土地，比平時看起來要順眼的多。

但是，在雨天去看那塊土地時，就會看到滿是泥濘、積水等缺點。換句話說，在雨天所看到的是這塊地最惡劣的狀態，這樣自不會被騙上當了。

(3)因為從車站到B的房子是上坡，車站到A的房子是下坡，所以，騎到B的房子當然較費時。

⑷的答案是，這些個日子都是五月的大吉日子。而很多人都是選在大吉日子裡結婚，或舉行慶典諸事。現今我們的生活，仍深受日子的吉、凶之影響。

〈解說與診斷〉

你答對了幾題呢？依你所答對的數目，可得知你的投機感覺和金錢感覺。

①4題全答對的人……5分

金錢感覺很敏銳。判斷力極佳，能夠未卜先知，是個能靠投資股票賺大錢的人。

②答對3題的人……3分

屬於凡事不會勉強去做，有原則的類型。很

明白股票的可怕之處與有趣之處，是個會在自己能力範圍之內玩股票的人。不會大賺，但也不會有大損失，是擁有現代金錢感覺的人。

③答對2題的人……2分

這種人會思而後行，因此，在股票的投機上還算不錯，只是，凡事都靠自己判斷，所以，不免有大虧的時候，但，也有大賺的時候。

④只答對1題的人……1分

此種人不太有金錢感覺。常會莽撞的買股票，所以，有時會大虧，有時會大賺。在金錢上常會出錯，因而成為他人的犧牲品。

⑤沒有一題答對的人……0分

不僅是玩股票，反正只要是數字的東西，都很不在行，是完全沒有金錢感覺的人。最好多用點心。

16. 判定你的金錢感覺度

在財經熱潮中，能夠大賺一筆的人實在不少。可是，金錢感覺和經濟感覺不敏感的人，想賺也賺不到。你的金錢感覺究竟是屬於哪一種類型呢？

13～15分　目標明確型

在旁人眼中，是個精明能幹的人。對數字很在行又有研究的熱心。

10～12分　一般安全型

屬於以一塊錢、一塊錢來積攢錢的安全型。立有明確的儲蓄計劃。

5～9分　享受生活型

在玩樂方面是不惜花費的。屬於用錢比存錢還在行的類型。

0～4分　樂天依存型

非常不擅於精打細算，金錢的管理上需靠他人。常為金錢吃苦。

你的愛書程度

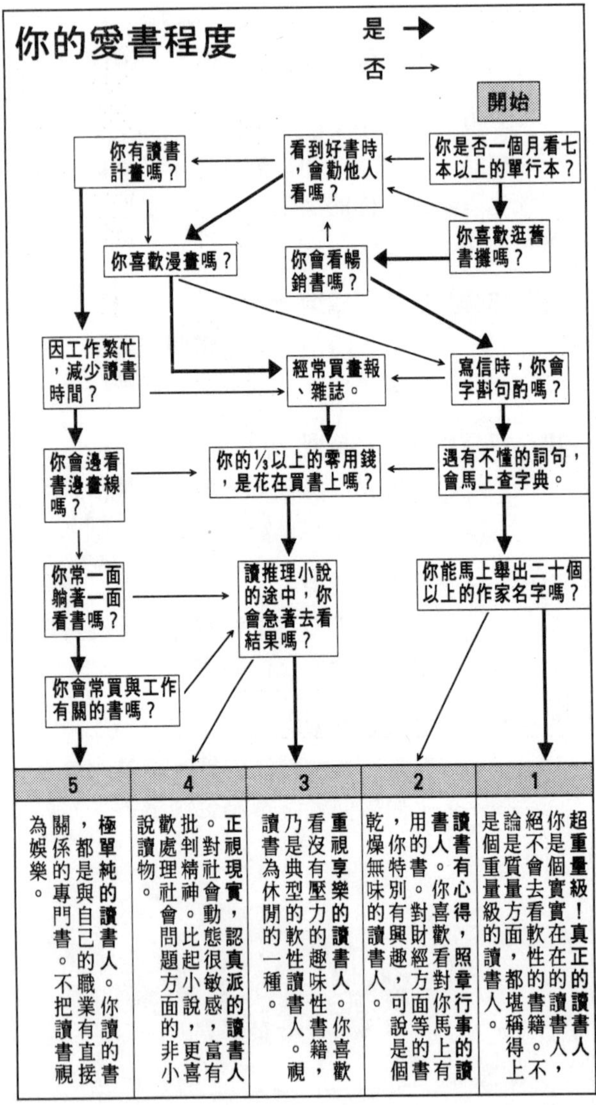
是 →
否 →
開始
你是否一個月看七本以上的單行本？
看到好書時，會勸他人看嗎？
你有讀書計畫嗎？
你喜歡逛舊書攤嗎？
你會看暢銷書嗎？
你喜歡漫畫嗎？
因工作繁忙，減少讀書時間？
經常買畫報、雜誌。
寫信時，你會字斟句酌嗎？
你會邊看書邊畫線嗎？
你的⅓以上的零用錢，是花在買書上嗎？
遇有不懂的詞句，會馬上查字典。
你常一面躺著一面看書嗎？
讀推理小說的途中，你會急著去看結果嗎？
你能馬上舉出二十個以上的作家名字嗎？
你會常買與工作有關的書嗎？

5	4	3	2	1
極單純的讀書人。你讀的書，都是與自己的職業有直接關係的專門書。不把讀書視為娛樂。	**正視現實，認真派的讀書人。**對社會動態很敏感，富有批判精神。比起小說，更喜歡處理社會問題方面的非小說讀物。	**重視享樂的讀書人。**你喜歡看沒有壓力的趣味性書籍，乃是典型的軟性讀書人。視讀書為休閒的一種。	**讀書有心得，照章行事的讀書人。**你喜歡看對你馬上有用的書。對財經方面等的書，你特別有興趣，可說是個乾燥無味的讀書人。	**超重量級！真正的讀書人**你是個實實在在的讀書人，絕不會去看軟性的書籍。不論是質量方面，都堪稱得上是個重量級的讀書人。

17. 創意度檢測

你是點子王

請為下邊各框框中的圖形加上些線條，使它成為你喜歡的畫。

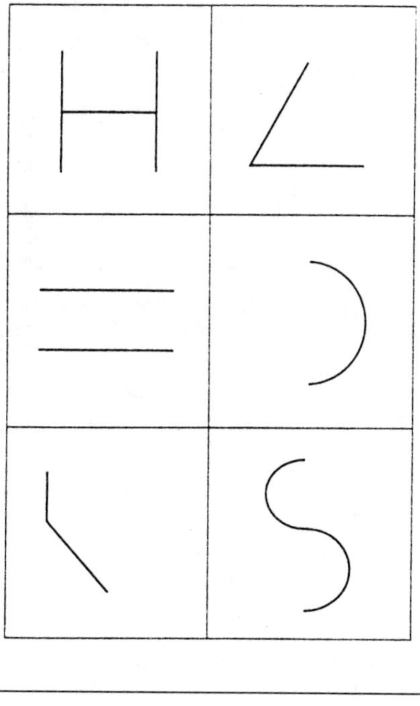

你有創造性嗎？

〈解說〉

在此種完成畫圖的測驗中，一般的人都會把它畫成圖形、四方形、三角形等，構造單純又典型的圖形，而具有創意的人，則會畫的更具體、更有創意且複雜的圖形。

〈診斷〉

關於各個的圖形，請參考右邊的解說，再為自己計分。如果你認為：

「所畫的是富有創造性的圖形」的話，得1分，如果你認為「畫的蠻簡單的」，就得0

平均類型之例

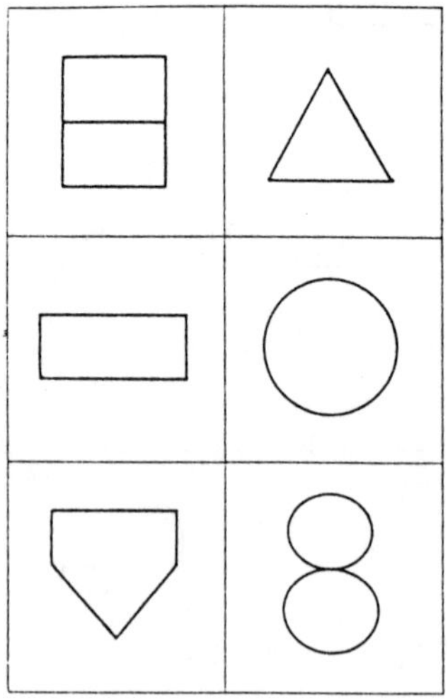

分。

把1～6圖各加以計分，然後予以合計，就是你在此測驗中得到的分數。

當然，你也可以請朋友或家人為你計分。但，如此一來，計分可能就嚴格多了……。

創造類型之例

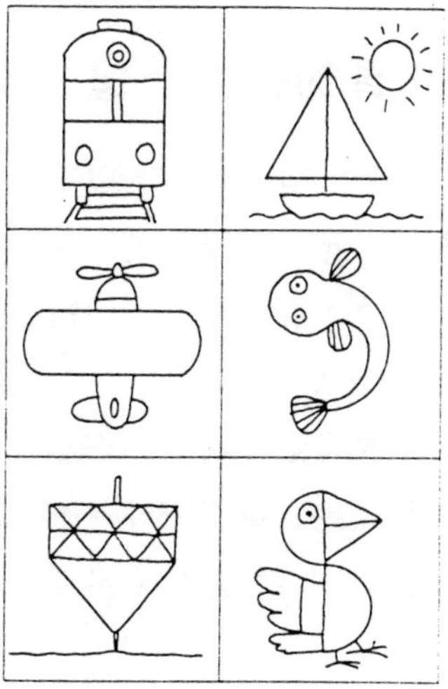

＜55頁的答案＞這是騙人的畫！

談到「騙人畫」，以艾夏（一八九八年～一九七二年）最為有名，在日本，也有畫騙人畫的天才。那就是，江戶時代的國芳（一七九七年～一八六一年）。

上圖是臨摩國芳的作品，右圖是黑色金魚，狸和人的「鑲嵌畫」。國芳就是如此般的，以十足的創意和幽默來畫浮世繪的藝術家。

17. 創意度檢測

找出錯誤

左圖中，有「錯誤」之處。你能找出幾個？

你最先發現的是？

〈解說〉

「錯誤」的部分，如圖所示，計有三處。①的文字，②的影子方向，接著是③的……，小孩子打破玻璃，居然會向居民「賠不是」。這也是「錯誤」無疑。

總之，由你先發現到的是文字的錯誤，還是圖本身的矛盾，可看出你的創意之傾向，而這也是本測驗的目的所在。③是不用說了，你是先發現①還是②呢？

先發現②的矛盾的人，創意度及對圖畫的關心較強。

〈診斷〉

先發現①的人（或，除了這就找不到別處的人）……1分

先發現②的人（或，除了這就找不到別處的人）……4分

17. 創意度檢測

你的眼珠是向右轉？還是向左轉？

思考下面的問題時，請不要使用文具，讓我們檢查看看那時你的眼珠子活動情形。你的眼珠子是向右轉呢？還是向左轉？或是左右溜溜的轉？

當然，請他人觀察你的眼珠子活動情況是較好的，不過，只要你不要過度意識，放鬆心情來做的話，自己一人還是可做此測驗的。務請試試看。下面就是問題。

①99乘99是多少？

②台北縣的鄉、鎮、市中，有二字均是「木」字旁的有幾個？

③時鐘的長針和短針，由0時0分到23時59分59秒止，其間共重疊了幾次？

從眼珠的轉動可看出你的藝術性

〈解說〉

根據M・E・戴所做的實驗得知，較擅長於科學和計算的人，向右轉的次數較多，向左轉的人，較能發揮寫文章、音樂等藝術方面的才能。

但，這是男性所得的結果。女性則不會有很明顯的差別，向兩方轉的人都很多。

〈診斷〉

①眼珠子向右轉的人……男性1分，女性2分

②眼珠子向左轉的人……男性5分，女性4分

③向兩邊都轉的人……3分

〈附註〉

問題的答案如下。

①9801，如果以99×100－99的方式來算的話，就算是不擅於心血的人，也能輕易的算出吧。

當然，另有很多有趣的回答方法。機智點的人或會回答：「99℃的熱水乘上99℃的熱水還是等於99℃」，當然，這也是正確解答。

②有「板橋」、「樹林」二個。

③正確走著的時鐘，應是22次。若是每天都會走的快一點點的時鐘，則可能較多重疊一次。

17. 判定你的創意度

讓我們來檢查一下你的美感和創造性。如果你能自由地思考事物的話，創意度就是滿分。此種人不論是在打扮、烹飪方面，可以說，都是自成一家的……。

13～15分　藝術家類型

富於創意和美感，在音樂、美術、流行方面都很強。

10～12分　設計家類型

能夠活用藝術和技術，適合從事可自由發揮的工作。

5～9分　秘書類型

不論從哪方面來說，處理事物都很乾淨俐落，是具有實務能力的人。

2～4分　美的感覺零分

很遺憾，你是個沒有美感的人，也欠缺實務的能力。

18. 精神壓力度檢測

無聊的商量

一個老朋友打電話來找你商量。

「我有個交往很久的女朋友，可是那個女人，居然甩了我，泡上另一個有錢的小開。我實在不甘心，可是又能怎樣，你想，下面的三個方法中，哪一個最能讓我消氣的？……，呃？你說都不適合？不行！你非得從其中替我選一個出來。」

①跑到街上，不管三七二十一的痛揍路人一頓。
②藉毒品改變心情。
③到棒球場看棒球，然後痛飲一番。
④痛揍逃走的女人和有錢的小開一頓。

怎樣解除壓力呢？

〈解說〉

答案中的①就是所謂的「遷怒」，亦即，攻擊行動的對象，不是造成挫折原因的人。

②是①的變化。明知毒品的害處，仍要用它，乃是把攻擊行動的對象，轉向自己本身。

③是，藉著看他人的攻擊行動，來發散自己的攻擊衝動，在心理學上稱之為「分身淨化」。這可說是最簡單、最一般的消除挫折感的方法。但，由於發散度低，有時反會引起鬥爭心。壓力度也會更高。

④是，由挫折而產生的攻擊衝動，直接向著原因發散。效果當然是這裡面當中最高的。

總之，姑且不論事情的善惡，回答④的人，是最擅於消除挫折感，或精神壓力的人。現代可說是個壓力時代。能夠設法解決精神壓力，必可使人際關係更趨於安定。德國的精神科醫師休爾茲，設計出各種各樣的控制精神壓力的方法。一般說來，如下的方法具有調整精神壓力的作用。

①若無法改變精神壓力的狀況，就努力地改變自己的態度吧。
②不要一直牢記以往的失敗或錯誤。
③在閒暇時間，多做些感興趣的事或運動。
④疼痛、發汗、胃部的不適等，多是精神壓力的徵兆。身體一有不適，應速去看醫生。
⑤養成樂天的習慣。

〈診斷〉

答①、②的人……3分
答③的人……5分
答④的人……1分

18. 精神壓力度檢測

你會向哪一個求婚？

這裡有兩個美女。其中的一位，剛才偷偷的告訴筆者，非常的仰慕你。如果你向她求婚，他一定馬上答應。

可是，另一個卻非常討厭你，只要一聽到你的聲音，就渾身不舒服。

現在，你會向哪一位求婚呢？

當然，如果你糊里糊塗的選擇了不愛你的那位，自然將毫無所獲……不僅如此，還會被兩位各賞大耳光哩。

請慎重的下決定。如果你是女性，請把此兩人想成是男性，同樣是可作答的。

18. 精神壓力度檢測

你是否種下了慾求不滿的種子？

〈診斷〉

在你下決定選哪個美女之前，究竟花了多少時間？只要記個大概就可以。在下列中，請圈出一個適合你的。

①（　）未滿十秒鐘。

②（　）十秒鐘以上未滿三十秒鐘。

③（　）三十秒鐘以上，未滿一分鐘。

④（　）一分鐘以上，未滿三分鐘。

⑤（　）三分鐘以上。

〈解說〉

在沒有辦法判斷哪一個才是正確的條件下，究竟要花多少時間下決定，視此問題是否對個人切身而定。

因此，經過長時間考慮才下決定的人，對異性的關心度很高，且因而種下慾求不滿的種子。

但是，在面對一個非常大的心理糾葛時，反而會誘發出完全不重要的動作來。

例如：在公衆面前丟臉時，會搔搔頭。在相親的席上無意識的刮著沙發。或者猛抽著煙。或咬著鉛筆頭……，諸如此類的「毛病」，就是在應該有的行動被壓抑時，所做出來的優先順序最低的行動，在心理學上稱為「轉移動作」。

記分：

①未滿十秒鐘的人……1分
②十秒鐘以上，未滿三十秒鐘的人……2分
③三十秒鐘以上，未滿一分鐘的人……3分
④一分鐘以上，未滿三分鐘的人……4分
⑤三分鐘以上的人……5分

18. 精神壓力度檢測

電梯之怪

此問題為男性專用，如果你是女性……，想像成自己是男性也可以作答。

現在，站在電梯中的女性，正對著你說些什麼。她說的是什麼呢？請在下面中選擇其一。

①「你要到哪一樓？」
②「糟糕！門打不開。」
③「最近，我不能再見你了。」
④「下一樓5F，是傢俱的賣場。」
⑤「住手！你在幹什麼？」

藉著編故事，可得知你的精神壓力度

〈解說與診斷〉

①選擇①、④的人……5分

此種人有強烈地勉強壓抑慾求不滿的傾向，屬於精神壓力易蓄積的類型。應儘量放輕鬆才好。

②選擇②、③的人……3分

擁有「想要冒冒險」願望的人會選擇此答案。單從此測驗來看，精神壓力度屬中等程度。

③選擇⑤的人……0分

常把潛在的願望表現於外的你，精神壓力與你無緣，就算有，也會馬上就消除。

18. 判定你的精神壓力度

現代人應都會有多多少少的精神壓力。只是，問題在於你是否能好好的調解它。你的精神壓力消除度如何呢？

13～15分　精神衰弱型精神壓力
每天都積有相當多的慾求不滿，以致精神衰弱。需稍加休養。

10～12分　歇斯底里型精神壓力
不擅於控制自己的感情，會馬上爆發出來。屬於焦躁型。

5～9分　平常型精神壓力
平時都很順利，偶而會發作一下。

2～4分　控制型精神壓力
很擅於自我控制，與精神壓力沒有關係的人。

大展出版社有限公司	圖書目錄
地址：台北市北投區11204 致遠一路二段12巷1號 郵撥： 0166955～1	電話：(02) 8236031 8236033 傳眞：(02) 8272069

•法律專欄連載•電腦編號58

台大法學院 法律學系／策劃 法律服務社／編著

①別讓您的權利睡著了[1]	180元
②別讓您的權利睡著了[2]	180元

•趣味心理講座•電腦編號15

①性格測驗1	探索男與女	淺野八郎著	140元
②性格測驗2	透視人心奧秘	淺野八郎著	140元
③性格測驗3	發現陌生的自己	淺野八郎著	140元
④性格測驗4	發現你的真面目	淺野八郎著	140元
⑤性格測驗5	讓你們吃驚	淺野八郎著	140元
⑥性格測驗6	洞穿心理盲點	淺野八郎著	140元
⑦性格測驗7	探索對方心理	淺野八郎著	140元
⑧性格測驗8	由吃認識自己	淺野八郎著	140元
⑨性格測驗9	戀愛知多少	淺野八郎著	140元

•婦 幼 天 地•電腦編號16

①八萬人減肥成果	黃靜香譯	150元
②三分鐘減肥體操	楊鴻儒譯	130元
③窈窕淑女美髮秘訣	柯素娥譯	130元
④使妳更迷人	成　玉譯	130元
⑤女性的更年期	官舒妍編譯	130元
⑥胎內育兒法	李玉瓊編譯	120元
⑦愛與學習	蕭京凌編譯	120元
⑧初次懷孕與生產	婦幼天地編譯組	180元
⑨初次育兒12個月	婦幼天地編譯組	180元
⑩斷乳食與幼兒食	婦幼天地編譯組	180元
⑪培養幼兒能力與性向	婦幼天地編譯組	180元
⑫培養幼兒創造力的玩具與遊戲	婦幼天地編譯組	180元

⑬幼兒的症狀與疾病	婦幼天地編譯組	180元
⑭腿部苗條健美法	婦幼天地編譯組	150元
⑮女性腰痛別忽視	婦幼天地編譯組	130元
⑯舒展身心體操術	李玉瓊編譯	130元
⑰三分鐘臉部體操	趙薇妮著	120元
⑱生動的笑容表情術	趙薇妮著	120元
⑲心曠神怡減肥法	川津祐介著	130元
⑳內衣使妳更美麗	陳玄茹譯	130元
㉑瑜伽美姿美容	黃靜香編著	150元

•青 春 天 地• 電腦編號17

①A血型與星座	柯素娥編譯	120元
②B血型與星座	柯素娥編譯	120元
③O血型與星座	柯素娥編譯	120元
④AB血型與星座	柯素娥編譯	120元
⑤青春期性教室	呂貴嵐編譯	130元
⑥事半功倍讀書法	王毅希編譯	130元
⑦難解數學破題	宋釗宜編譯	130元
⑧速算解題技巧	宋釗宜編譯	130元
⑨小論文寫作秘訣	林顯茂編譯	120元
⑩視力恢復！超速讀術	江錦雲譯	130元
⑪中學生野外遊戲	熊谷康編著	120元
⑫恐怖極短篇	柯素娥編譯	130元
⑬恐怖夜話	小毛驢編譯	130元
⑭恐怖幽默短篇	小毛驢編譯	120元
⑮黑色幽默短篇	小毛驢編譯	120元
⑯靈異怪談	小毛驢編譯	130元
⑰錯覺遊戲	小毛驢編譯	130元
⑱整人遊戲	小毛驢編譯	120元
⑲有趣的超常識	柯素娥編譯	130元
⑳哦！原來如此	林慶旺編譯	130元
㉑趣味競賽100種	劉名揚編譯	120元
㉒數學謎題入門	宋釗宜編譯	150元
㉓數學謎題解析	宋釗宜編譯	150元
㉔透視男女心理	林慶旺編譯	120元
㉕少女情懷的自白	李桂蘭編譯	120元
㉖由兄弟姊妹看命運	李玉瓊編譯	130元
㉗趣味的科學魔術	林慶旺編譯	150元
㉘趣味的心理實驗室	李燕玲編譯	150元
㉙愛與性心理測驗	小毛驢編譯	130元

㉚刑案推理解謎	小毛驢編譯	130元
㉛偵探常識推理	小毛驢編譯	130元
㉜偵探常識解謎	小毛驢編譯	130元
㉝偵探推理遊戲	小毛驢編譯	130元
㉞趣味的超魔術	廖玉山編著	150元
㉟		

•健康天地•電腦編號18

①壓力的預防與治療	柯素娥編譯	130元
②超科學氣的魔力	柯素娥編譯	130元
③尿療法治病的神奇	中尾良一著	130元
④鐵證如山的尿療法奇蹟	廖玉山譯	120元
⑤一日斷食健康法	葉慈容編譯	120元
⑥胃部強健法	陳炳崑譯	120元
⑦癌症早期檢查法	廖松濤譯	130元
⑧老人痴呆症防止法	柯素娥編譯	130元
⑨松葉汁健康飲料	陳麗芬編譯	130元
⑩揉肚臍健康法	永井秋夫著	150元
⑪過勞死、猝死的預防	卓秀貞編譯	130元
⑫高血壓治療與飲食	藤山順豐著	150元
⑬老人看護指南	柯素娥編譯	150元
⑭美容外科淺談	楊啟宏著	150元
⑮美容外科新境界	楊啟宏著	150元

•實用心理學講座•電腦編號21

①拆穿欺騙伎倆	多湖輝著	140元
②創造好構想	多湖輝著	140元
③面對面心理術	多湖輝著	140元
④偽裝心理術	多湖輝著	140元
⑤透視人性弱點	多湖輝著	140元
⑥自我表現術	多湖輝著	150元
⑦不可思議的人性心理	多湖輝著	150元
⑧催眠術入門	多湖輝著	150元

•超現實心理講座•電腦編號22

①超意識覺醒法	詹蔚芬編譯	130元
②護摩秘法與人生	劉名揚編譯	130元
③秘法！超級仙術入門	陸　明譯	150元

④給地球人的訊息	柯素娥編著	150元
⑤密教的神通力	劉名揚編著	130元

•心 靈 雅 集• 電腦編號00

①禪言佛語看人生	松濤弘道著	150元
②禪密教的奧秘	葉逯謙譯	120元
③觀音大法力	田口日勝著	120元
④觀音法力的大功德	田口日勝著	120元
⑤達摩禪106智慧	劉華亭編譯	150元
⑥有趣的佛教研究	葉逯謙編譯	120元
⑦夢的開運法	蕭京凌譯	130元
⑧禪學智慧	柯素娥編譯	130元
⑨女性佛教入門	許俐萍譯	110元
⑩佛像小百科	心靈雅集編譯組	130元
⑪佛教小百科趣談	心靈雅集編譯組	120元
⑫佛教小百科漫談	心靈雅集編譯組	150元
⑬佛教知識小百科	心靈雅集編譯組	150元
⑭佛學名言智慧	松濤弘道著	180元
⑮釋迦名言智慧	松濤弘道著	180元
⑯活人禪	平田精耕著	120元
⑰坐禪入門	柯素娥編譯	120元
⑱現代禪悟	柯素娥編譯	130元
⑲道元禪師語錄	心靈雅集編譯組	130元
⑳佛學經典指南	心靈雅集編譯組	130元
㉑何謂「生」 阿含經	心靈雅集編譯組	130元
㉒一切皆空 般若心經	心靈雅集編譯組	130元
㉓超越迷惘 法句經	心靈雅集編譯組	130元
㉔開拓宇宙觀 華嚴經	心靈雅集編譯組	130元
㉕真實之道 法華經	心靈雅集編譯組	130元
㉖自由自在 涅槃經	心靈雅集編譯組	130元
㉗沈默的教示 維摩經	心靈雅集編譯組	130元
㉘開通心眼 佛語佛戒	心靈雅集編譯組	130元
㉙揭秘寶庫 密教經典	心靈雅集編譯組	130元
㉚坐禪與養生	廖松濤譯	110元
㉛釋尊十戒	柯素娥編譯	120元
㉜佛法與神通	劉欣如編著	120元
㉝悟（正法眼藏的世界）	柯素娥編譯	120元
㉞只管打坐	劉欣如編譯	120元
㉟喬答摩・佛陀傳	劉欣如編著	120元
㊱唐玄奘留學記	劉欣如編譯	120元

㊲佛教的人生觀	劉欣如編譯	110元
㊳無門關（上卷）	心靈雅集編譯組	150元
㊴無門關（下卷）	心靈雅集編譯組	150元
㊵業的思想	劉欣如編著	130元
㊶佛法難學嗎	劉欣如著	140元
㊷佛法實用嗎	劉欣如著	140元
㊸佛法殊勝嗎	劉欣如著	140元
㊹因果報應法則	李常傳編	140元
㊺佛教醫學的奧秘	劉欣如編著	150元

•經 營 管 理• 電腦編號01

◎創新經營管理六十六大計（精）	蔡弘文編	780元
①如何獲取生意情報	蘇燕謀譯	110元
②經濟常識問答	蘇燕謀譯	130元
③股票致富68秘訣	簡文祥譯	100元
④台灣商戰風雲錄	陳中雄著	120元
⑤推銷大王秘錄	原一平著	100元
⑥新創意・賺大錢	王家成譯	90元
⑦工廠管理新手法	琪　輝著	120元
⑧奇蹟推銷術	蘇燕謀譯	100元
⑨經營參謀	柯順隆譯	120元
⑩美國實業24小時	柯順隆譯	80元
⑪撼動人心的推銷法	原一平著	120元
⑫高竿經營法	蔡弘文編	120元
⑬如何掌握顧客	柯順隆譯	150元
⑭一等一賺錢策略	蔡弘文編	120元
⑮世界經濟戰爭	約翰・渥洛諾夫著	120元
⑯成功經營妙方	鐘文訓著	120元
⑰一流的管理	蔡弘文編	150元
⑱外國人看中韓經濟	劉華亭譯	150元
⑲企業不良幹部群相	琪輝編著	120元
⑳突破商場人際學	林振輝編著	90元
㉑無中生有術	琪輝編著	140元
㉒如何使女人打開錢包	林振輝編著	100元
㉓操縱上司術	邑井操著	90元
㉔小公司經營策略	王嘉誠著	100元
㉕成功的會議技巧	鐘文訓編譯	100元
㉖新時代老闆學	黃柏松編著	100元
㉗如何創造商場智囊團	林振輝編譯	150元
㉘十分鐘推銷術	林振輝編譯	120元

㉙五分鐘育才	黃柏松編譯	100元
㉚成功商場戰術	陸明編譯	100元
㉛商場談話技巧	劉華亭編譯	120元
㉜企業帝王學	鐘文訓譯	90元
㉝自我經濟學	廖松濤編譯	100元
㉞一流的經營	陶田生編著	120元
㉟女性職員管理術	王昭國編譯	120元
㊱ＩＢＭ的人事管理	鐘文訓編譯	150元
㊲現代電腦常識	王昭國編譯	150元
㊳電腦管理的危機	鐘文訓編譯	120元
㊴如何發揮廣告效果	王昭國編譯	150元
㊵最新管理技巧	王昭國編譯	150元
㊶一流推銷術	廖松濤編譯	120元
㊷包裝與促銷技巧	王昭國編譯	130元
㊸企業王國指揮塔	松下幸之助著	120元
㊹企業精銳兵團	松下幸之助著	120元
㊺企業人事管理	松下幸之助著	100元
㊻華僑經商致富術	廖松濤編譯	130元
㊼豐田式銷售技巧	廖松濤編譯	120元
㊽如何掌握銷售技巧	王昭國編著	130元
㊾一分鐘推銷員	廖松濤譯	90元
㊿洞燭機先的經營	鐘文訓編譯	150元
51ＩＢＭ成功商法	巴克・羅傑斯著	130元
52新世紀的服務業	鐘文訓編譯	100元
53成功的領導者	廖松濤編譯	120元
54女推銷員成功術	李玉瓊編譯	130元
55ＩＢＭ人才培育術	鐘文訓編譯	100元
56企業人自我突破法	黃琪輝編著	150元
57超級經理人	羅拔・海勒著	100元
58財富開發術	蔡弘文編著	130元
59成功的店舖設計	鐘文訓編著	150元
60靈巧者成功術	鐘文訓編譯	150元
61企管回春法	蔡弘文編著	130元
62小企業經營指南	鐘文訓編譯	100元
63商場致勝名言	鐘文訓編譯	150元
64迎接商業新時代	廖松濤編譯	100元
65透視日本企業管理	廖松濤　譯	100元
66新手股票投資入門	何朝乾　編	180元
67上揚股與下跌股	何朝乾編譯	150元
68股票速成學	何朝乾編譯	180元
69理財與股票投資策略	黃俊豪編著	180元

⑩黃金投資策略	黃俊豪編著	180元
⑪厚黑管理學	廖松濤編譯	180元
⑫股市致勝格言	呂梅莎編譯	180元
⑬透視西武集團	林谷燁編譯	150元
⑭推銷改變我的一生	柯素娥　譯	120元
⑮推銷始於被拒	盧媚璟　譯	120元
⑯巡迴行銷術	陳蒼杰譯	150元
⑰推銷的魔術	王嘉誠譯	120元
⑱60秒指導部屬	周蓮芬編譯	150元
⑲精銳女推銷員特訓	李玉瓊編譯	130元
⑳企劃、提案、報告圖表的技巧	鄭　汶　譯	180元
㉑海外不動產投資	許達守編譯	150元
㉒八百件的世界策略	李玉瓊譯	150元
㉓服務業品質管理	吳宜芬譯	180元
㉔零庫存銷售	黃東謙編譯	150元
㉕三分鐘推銷管理	劉名揚編譯	150元
㉖推銷大王奮鬥史	原一平著	150元
㉗豐田汽車的生產管理	林谷燁編譯	150元

•成功寶庫• 電腦編號02

①上班族交際術	江森滋著	100元
②拍馬屁訣竅	廖玉山編譯	110元
③一分鐘適應法	林曉陽譯	90元
④聽話的藝術	歐陽輝編譯	110元
⑥克服逆境的智慧	廖松濤　譯	100元
⑦不可思議的人性心理	多湖輝　著	120元
⑧成功的人生哲學	劉明和　譯	120元
⑨求職轉業成功術	陳　義編著	110元
⑩上班族禮儀	廖玉山編著	120元
⑪接近心理學	李玉瓊編著	100元
⑫創造自信的新人生	廖松濤編著	120元
⑬卡耐基的人生指南	林曉鐘編譯	120元
⑭上班族如何出人頭地	廖松濤編著	100元
⑮神奇瞬間瞑想法	廖松濤編譯	100元
⑯人生成功之鑰	楊意苓編著	150元
⑱潛在心理術	多湖輝　著	100元
⑲給企業人的諍言	鐘文訓編著	120元
⑳企業家自律訓練法	陳　義編譯	100元
㉑上班族妖怪學	廖松濤編著	100元
㉒猶太人縱橫世界的奇蹟	孟佑政編著	110元

㉓訪問推銷術	黃靜香編著	130元
㉔改運的秘訣	吳秀美　譯	120元
㉕你是上班族中強者	嚴思圖編著	100元
㉖向失敗挑戰	黃靜香編著	100元
㉗成功心理學	陳蒼杰　譯	100元
㉘墨菲成功定律	吳秀美　譯	130元
㉙機智應對術	李玉瓊編著	130元
㉚成功頓悟100則	蕭京凌編譯	130元
㉛掌握好運100則	蕭京凌編譯	110元
㉜知性幽默	李玉瓊編譯	130元
㉝熟記對方絕招	黃靜香編譯	100元
㉞男性成功秘訣	陳蒼杰編譯	130元
㉟超越巔峯者	C・加菲爾德著	130元
㊱業務員成功秘方	李玉瓊編著	120元
㊲察言觀色的技巧	劉華亭編著	130元
㊳一流領導力	施義彥編譯	120元
㊴一流說服力	李玉瓊編著	130元
㊵30秒鐘推銷術	廖松濤編譯	120元
㊶猶太成功商法	周蓮芬編譯	120元
㊷尖端時代行銷策略	陳蒼杰編著	100元
㊸顧客管理學	廖松濤編著	100元
㊹如何使對方說Yes	程　羲編著	150元
㊺如何提高工作效率	劉華亭編著	150元
㊻企業戰術必勝法	黃靜香編著	130元
㊼上班族口才學	楊鴻儒譯	120元
㊽上班族新鮮人須知	程　羲編著	120元
㊾如何左右逢源	程　羲編著	130元
㊿語言的心理戰	多湖輝著	130元
(51)扣人心弦演說術	劉名揚編著	120元
(52)八面玲瓏成功術	陳　羲譯	130元
(53)如何增進記憶力、集中力	廖松濤譯	130元
(54)頂尖領導人物	陳蒼杰譯	120元
(55)性惡企業管理學	陳蒼杰譯	130元
(56)自我啟發200招	楊鴻儒編著	150元
(57)做個傑出女職員	劉名揚編著	130元
(58)靈活的集團營運術	楊鴻儒編著	120元
(59)必勝交涉強化法	陳蒼杰譯	120元
(60)個案研究活用法	楊鴻儒編著	130元
(61)企業教育訓練遊戲	楊鴻儒編著	120元
(62)管理者的智慧	程　義編譯	130元
(63)做個佼佼管理者	馬筱莉編譯	130元

國立中央圖書館出版品預行編目資料

性格測驗　4　發現你的眞面目／淺野八郎
著；李鈴秀譯　--初版　--臺北市：大展，民83
面；　　公分　--（趣味心理講座；4）
譯自：性格グーム　第4集　意外なあな
たに出会う人間チェック
ISBN 957-557-430-3（平裝）

1．心理測驗

179　　　　　　　　　　　　83001147

本書原名：性格ゲーム・第4集
意外なあなたに出会う人間チェック
原発行所：KKベストセラーズ

性格測驗④　發現你的眞面目　　ISBN 957-557-430-3

原著者／淺野八郎
編譯者／李鈴秀
發行人／蔡森明
出版者／大展出版社有限公司
社　址／台北市北投區（石牌）
致遠一路二段12巷1號
電　話／(02) 8236031・8236033
傳　眞／(02) 8272069
郵政劃撥／0166955－1
登記證／局版臺業字第2171號

承印者／高星企業有限公司
裝　訂／日新裝訂所
排版者／千賓電腦打字有限公司
電　話／（02）8836052
初　版／1994年（民83年）3月
2　刷／1995年（年84年）10月
定　價／140元